《广电媒体融合发展进行时》编委会 编

The Radio and Television Media:
Convergent Development in Progress

广电媒体
融合发展进行时

全国广播电视媒体融合先导单位／典型案例／成长项目

（2020）

中国广播影视出版社

图书在版编目（CIP）数据

广电媒体融合发展进行时：全国广播电视媒体融合先导单位、典型案例、成长项目：2020 ／《广电媒体融合发展进行时》编委会编. --北京：中国广播影视出版社，2021.8

ISBN 978-7-5043-8644-1

Ⅰ．①广… Ⅱ．①广… Ⅲ．①广播电视－传播媒介－产业融合－产业发展－研究－中国 Ⅳ．①G229.2

中国版本图书馆CIP数据核字(2021)第072923号

广电媒体融合发展进行时
——全国广播电视媒体融合先导单位、典型案例、成长项目（2020）

《广电媒体融合发展进行时》编委会　编

责任编辑　王　佳　刘雨桥
封面设计　元泰书装
责任校对　龚　晨

出版发行　**中国广播影视出版社**
电　　话　010-86093580　010-86093583
社　　址　北京市西城区真武庙二条9号
邮　　编　100045
网　　址　www.crtp.com.cn
电子信箱　crtp8@sina.com

经　　销　全国各地新华书店
印　　刷　北京凯德印刷有限责任公司

开　　本　787毫米×1092毫米　1/16
字　　数　204（千）字
印　　张　22.5
版　　次　2021年8月第1版　2021年8月第1次印刷

书　　号　ISBN 978-7-5043-8644-1
定　　价　98.00元

前　言

　　媒体融合是时代发展的必然趋势，也是全国广电系统面临的一项紧迫课题。习近平总书记多次强调，主流媒体必须紧跟时代，大胆运用新技术、新机制、新模式，加快融合发展步伐，实现宣传效果的最大化和最优化。2020年9月，中共中央办公厅、国务院办公厅印发《加快推进媒体深度融合发展的指导意见》，对推进媒体融合发展工作作出重要部署，为打好深化媒体融合攻坚战指引了前进方向、提供了根本遵循。对标中央决策精神，国家广电总局随后出台《关于加快推进广播电视媒体深度融合发展的意见》，聚焦融合发展实践重点与难点，提出了打造新型广播电视主流媒体、推动媒体深度融合发展的具体行动方案。

　　为推广广电媒体融合的创新实践，助力全国广电机构推进媒体融合进程，国家广电总局克服新冠肺炎疫情影响，如期举办2020年"全国广播电视媒体融合先导单位、典型案例、成长项目"的征集与评选工作。此次评选活动得到全国广电机构积极支持与广泛参与，共收到280家机构申报的339项先导单位、典型案例和成长项目。经过初评、复评和终评三轮评选，共评选出10家先导单位、15个典型案例和15个成长项目（共计40项）。这些案例和项目传递出行业丰富的实践探索、具体的改革举措和深刻的理论思考。

　　为拓展评审活动的衍生价值，进一步推动全国广播电视媒体深度融合，我们汇集获评单位的融合创新实践经验，形成本书的先导单位篇、典型案例篇和成长项目篇。此外，国家广电总局发展研究中心研究团队从全局角度梳理总结全国广电媒体融合的创新路径和经验启示，探讨广电媒体融合发展趋势，形成本书的案例分析篇。希望借助评选活动及汇编书的出版，在全国广电系统营造"学先进、赶先进、创先进"的浓厚氛围，加快推进媒体深度融合发展，加快构建融为一体、合而为一的全媒体传播格局。

《广电媒体融合发展进行时》编委会

2021 年 6 月

目　　录

案例分析篇

广电媒体融合的创新路径及经验启示

先导单位篇

全面转型，做强复合影响力

四川广播电视台媒体融合发展报告

新平台　新渠道　新矩阵　新传播

——南京广播电视集团媒体融合发展实践

动静之间，生生不息

融出一片广阔的新天地

统同通融

典型案例篇

成长项目篇

案例分析篇

ANLI FENXI PIAN

广电媒体融合的创新路径及经验启示

媒体融合是时代发展、技术进步、市场需求的必然趋势，是媒体的内容生产、传播手段、经营方式、管理理念在网络信息时代的深度变革。习近平总书记多次强调，党报、党刊、党台、党网等主流媒体必须紧跟时代，大胆运用新技术、新机制、新模式，加快融合发展步伐，实现宣传效果的最大化和最优化。广电是媒体融合的主战场、主力军，几年来，从中央到地方，各级广电媒体都已经开始了融合之路。

为充分发挥先进典型的示范作用和重点项目的带动作用，国家广播电视总局在 2019 年评选的基础上，继续开展 2020 年度全国广播电视媒体融合先导单位、典型案例、成长项目征集评选活动。经过线上初评、复评和现场终评，共评出先导单位 10 家、典型案例 15 个、成长项目 15 个。从层级分布看，中央级 3 个，省级 23 个，地市级 12 个，县级 2 个，省级广电媒体在媒体深度融合方面具有优势且表现良好；从地域分布看，获评项目来自东部和中部地区的较多，体现出媒体融合发展的地域差别；从单位类型看，既有播出机构，也有网络公司，类型较为多元；从业务类型看，既有省级技术平台，也有内容制作的项目，还有 MCN 机构与新型广播等新业态，反映出在媒体深度融合推动下，广电事业产业蓬勃发展。

国家广播电视总局在全国广播电视媒体融合先导单位、典型案例、成长项目征集评选活动中评出的广电样本，在这场时代变革中，以创新的发展理念、谨慎而大胆的创新实践，找到自身的立足点，并谋求更大的发展，为全国广电探索出了成功路径。

一、广电媒体融合的创新探索

（一）以全媒体传播传递主流声音，巩固主流舆论阵地

1.渠道全媒化、传播智能化，坚守主流舆论阵地

广电媒体积极打造自主可控的新型传播平台，掌握传播主动权，坚持移动先行、移动优先，实现小屏带大屏，并与今日头条、抖音、快手等互联网商业平台合作，实现网上网下齐心协力、优势互补、全媒体、多渠道传播，扩大主流媒体的传播力、影响力。江苏台、贵州台等省级广电媒体分别打造"荔枝新闻"客户端、"动静"客户端等，整合台内资源、融合打通省市县三级媒体，形成强势宣传合力，在本地区取得良好的传播效果；北京台推出"壮丽 70 年 我们都知道"大型全媒体行动栏目，通过新媒体联动、跨平台合作等方式，使优质内容在全网传播；宁波广电集团等机构将新媒体平台建设与党建等活动相结合，根据受众年龄、职业、性别、区域进行定向精准推送，让"党建好声音"直达个体，取得事半功倍效果；内蒙古鄂托克旗等少数民族地区注重汉语和少数民族语言在新媒体

端的协同传播，充分发挥传统广播电视的权威、深度和互联网的时空无限、迅捷、互动优势，推出"快""全""深"的梯度化报道形式，推动传播效果步步升温。

2. 创新内容传播手段，增强正面宣传的表现力和感染力

广电媒体灵活运用工作室、项目团队等新型合作模式，探索直播、微电影、短视频、MV、动漫、H5等新兴样态，尤其在脱贫攻坚、乡村振兴、经济高质量发展、民生保障等重大领域不断发力，构建群众喜闻乐见的话语体系。四川台重点打造的《四川观察》，以突发事件应急报道全网占位、产品供给全网为目标理念，通过高质量的音视频内容供给等，增强传播力。此外，积极探索大屏连接小屏、小屏反哺大屏等互动式传播，让用户自主扫码参与话题讨论并在大屏上还原小屏观点，充分调动用户参与的积极性，扩大传播效果。

（二）打造本土内容品牌的同时拓展业务范围、多方合作，增强自我造血能力

融合之后的广电媒体有没有自我造血功能是决定其未来能走多远的决定性因素，从以往的经验教训来看，确保导向正确的前提下，既要找"市长"也要找"市场"。

1. 立足本地市场，以打造本土内容品牌为根基，增强用户黏性，延伸产业价值

广电媒体拉长"线上节目、线下活动、全媒互动、品牌带动、产业营销"生态链条，围绕本地百姓生老病死、衣食住行、安居乐业做文章，吸附受众关注。广电媒体创办的各类接地气的民生节

目，替百姓督促税务、房产、车辆、护照、社保、医保等问题的办理，帮忙、帮急、帮困、帮贫、帮弱、帮理、帮正，让群众感到来自主流媒体的温暖和社会正能量。广电媒体打造品牌节目的同时，注重用互联网营销模式推动受众注册为用户，建立起以粉丝群为核心的圈层用户体系，将节目产品化、受众用户化，从而延伸视听内容的产业价值。

2. 拓展新兴业态，盈利模式多元化

广电媒体发挥视音频制播专业优势，积极打造广电 MCN 机构，与内容平台、社交平台、电商平台建立多类型合作，开展短视频 IP 账号搭建及孵化、网红直播基地打造、内容电商等业务，重塑主流媒体影响力的同时拓展盈利模式。湖南台娱乐频道、重庆台的"重视传媒"与广东触电传媒科技有限公司等成立 MCN，以内容为中心、以市场和客户为导向，布局网络直播、短视频等新媒体产业板块，不断增强盈利能力；济南台"鹊华 MCN"联合黑龙江广电、快手开展直播带货活动，联合济南市商务局等机构开展云上交易会，取得了良好的经济效益。比起普通 MCN 机构，广电 MCN 更加注重政媒互动和社会责任，广电媒体纷纷推出"政府领导带货"等线上线下活动，助力当地经济发展的同时为广电媒体带来两个效益的双丰收。

3. 与行业内外机构借力发展、资源整合，达到合作共赢效果

广电媒体联合行业内外的机构，打破地域和资源界限，取得多方共赢的效果。南京广电集团等实力较强的地市级台牵头成立城市广电联盟，依托各台媒体资源优势，在新闻联播平台的打造、新

兴媒体平台的共建、影视投资、节目制作、广告招商等方面发挥集聚效应，实现优势互补。陕西省蓝田县等县级融媒体积极与多级媒体开展合作，形成权威性高、系统性强、覆盖面广、影响力大的传播体系；济南台、柳州台等机构依托本地特色产业优势，与科研院所、职业学校等行业内外机构合作，共同建设产业园区、开展电商培训和销售等，互相借力发展、交叉融合发展，从"广电＋"向"广电×"转变。

（三）重视技术创新与应用，提升广电内部工作效率与对外服务能力

1. 以技术创新和应用提高节目制作能力和管理效率

广电媒体运用超高清、虚拟、流媒体等新技术，生产制作全息化、可视化、沉浸式、交互式的视听产品，改善广播电视节目及移动短视频节目制作和播出质量，提升受众视听体验。山东广播电视台通过 VR 等技术的应用，打造 720 度沉浸式"云会场"等，为受众带来耳目一新的感受。为增强节目版权的开发和保护，建设视听内容版权区块链平台，进行版权检测、数据保护、线上运营。陕西丝路云启智能科技有限公司以区块链技术为基础，建设陕西融媒体区块链业务支撑平台，实现对版权方和传播方的利益提供技术保障；长沙、苏州、温州等广电机构建立数据中台及智能信息管理共享平台，将内容、平台、用户联结起来，提供热点发现、指导调度、内容生产、精准传播、用户运营、效果评估、品牌管理、营销服务等全流程的支撑服务，提高节目生产能力和经营管理效率。

2. 以技术创新和应用拓展服务范围，提高广电服务能力

经过数年的媒体融合，广电媒体正在快步向"智慧广电"演变，在服务政府、服务社会和服务百姓中找到自己的定位和价值。贵广网络建设"一云双网、一主三用"智慧广电，与市县政府、省直厅局和企事业单位签署战略合作协议，在政用、民用、商用等多方面展开合作；东方明珠利用电视频道直播＋IPTV等方式，为上海因疫情导致不能正常上课的中小学生提供家庭在线教育服务；山西朔州等农业地区的市级广电通过建立三农数据库、三农融媒体平台通联点等措施，扶助三农事业，为脱贫攻坚、乡村振兴贡献力量。广电媒体通过建立融媒体大数据中心，与政府相关部门实现数据对接、资源共享，实现环保、交通、教育、医疗等掌上办理，方便群众的同时，为政府提供数据画像和大数据分析报告，助力政府科学决策。

（四）不断完善体制机制改革，打通内部血脉

1. 优化媒体组织架构和工作流程，强化与市场的有效对接和快速反应

广电媒体秉持一体发展、科学布局理念，裁撤冗员、精简机构、优化流程、再造平台，实现各种媒介资源、生产要素有效整合，激发活力、避免内耗。一是将分散的资源整合，优化组织架构和工作流程，精办频率频道、优化节目栏目、整合平台账号，制定准入退出机制；二是在资源分配上向新媒体端倾斜，让有限的人财物发挥出最大的效力。上海广播电视台通过在资源分配、干部培养等方面优先向优先向符合全媒体战略发展的员工倾斜，给予更多熟悉互联网与新媒体的中青年优秀人才实现人生价值的平台与机会。

在运营上坚持新闻宣传和产业经营相对分开，建立顺畅高效、适应市场竞争和一体化发展的运行机制，强化对市场的快速反应，打通经营过程中的体制机制壁垒。以石家庄台为例，其新媒体中心主要承担新闻报道任务，下属河北掌易信息技术有限公司主要负责市场运营业务。不少广电媒体将全台的广告资源汇聚，成立全媒体广告公司，配合节目栏目的策划达到更佳的运营效果。

2. 优化考核分配机制，向新媒体业务倾斜

广电媒体逐步建立健全与融合发展相适应的绩效考核体系，在分类考核的基础上适当增加新媒体业务的权重系数，并将绩效与个人薪酬挂钩，匹配相应的奖罚激励制度，激发从业人员的工作积极性和创造性，尤其是向新媒体转型的积极性。济南等广电媒体大力实施"台长嘉奖令"，对优秀团队、重点项目和先进个人及时奖励，将奖励个人和奖励项目相结合、精神奖励与物质奖励相配套；昆山市融媒体中心实行人才选拔双轨晋升机制度，对于业务能力较强的人员，出台配套的特殊人才年金制和首席人员待遇制度，使员工拥有两条晋升通道，更好激发员工干事创业热情。为了鼓励员工参与新媒体业务，广电媒体加大对新媒体业务的考核权重，将新媒体业务的创收扣除成本后，纳入员工的二次分配。江苏台融媒体新闻中心采取对点击量高以及被全网推送的稿件给予相应奖励等方式，激发员工参与新媒体工作的积极性。

二、广电媒体融合的经验与启示

（一）广电媒体管理者要创新媒体融合的理念思路

思想观念的维度决定了事业的高度和广度，媒体融合的关键还是人的思维理念的创新，尤其是管理层观念的更新。广电媒体"决策人"的能力和水平，关乎到整个单位媒体融合的力度和深度。这里的融合理念至少包括：

一是要有大媒体平台观。媒体融合是刀刃向内的一次自我革命，涉及到广电内部的体制机制改革时要有大格局观，消除一切改革阻力，做到人财物及媒体资源的最优化配置；同时，融合后的广电媒体应该成为连接信息生产者与消费者的平台，构建信息生产与消费的生态系统，不可自我封闭。

二是要树立互联网思维。广电媒体融合就是主流媒体向互联网的靠拢，要充分利用互联网特别是移动互联网技术，改造广电媒体。

三是要有用户意识和服务意识。媒体融合的动力和源泉在群众，广电媒体的性质也决定了必须强化以用户为中心的服务意识，业务拓展中要明确客户的需求，以人为本，替用户着想、请用户参与、为用户服务。

（二）用足用好政策，处理好与政府之间的关系

广电媒体要充分利用已有的媒体融合政策，结合本地优势和自身特色，扬长避短地推动融合进程。并在此过程中处理好与政府之间的关系，既要成为政府治理的得力助手，也要防止越俎代庖、包

办代替；既要利用好政府各部门提供的大数据，也要做好数据安全监管等工作。

（三）媒体融合没有固定模式，尝试探索不同的发展路径

目前，除了县级融媒体中心外，广电媒体融合没有固定的统一路径，也不能依赖行政主管部门下达包治百病的"万全之策"，明白媒体融合的目的是为了建设有强大影响力和竞争力的新型主流媒体，在此过程中要灵活应对出现的问题。对于欠发达地区的广电媒体，财政给与一定的支持，但不能依赖财政，要立足本土、立足市场，尽快建立市场化的服务模式和盈利模式，及早走出困境。对于发达地区的广电媒体，要充分利用本地及周边经济、技术、人才等优势，与自身的特色相结合，产生良好的化学反应和持久的发展动力。

国家广播电视总局广播影视发展研究中心

先导单位篇

XIANDAO DANWEI PIAN

全面转型，做强复合影响力

围绕中心服务大局，坚定传播党的声音，弘扬主旋律、传播正能量，传递社会主义核心价值观，这是主流媒体义不容辞的职责和使命。在媒体深度融合发展的大背景下，广播电视这样的传统媒体如何全面转型，与新兴媒体优势互补，形成并做强复合影响力，将党的声音传得更广更远，这是江苏广电总台融媒体新闻中心自组建以来就面临的严峻考验。为此，中心上下积极探索，努力走出一条独具特色的融合发展之路。

一、实现机构整合发展

2016 年，江苏广电总台整合旗下原有电视、广播、新媒体等各机构中的新闻板块成为"融媒体新闻中心"，通过对新闻融合传播的流程再造、人员统筹调度、考核机制调整等，加速推动以往各自独立的新闻生产模式向一体化的全媒体融合生产模式转型，以实现"你就是我，我就是你"的媒体传播新格局。2017 年党的十九大召开前夕，总台融媒体调度指挥中心正式投入使用，成为全台新闻报道工作的指挥中枢，有力推动新闻制播从"几张皮"转变为"一盘棋"。2020 年，着眼于"双头部"战略，即一方面巩固传统媒体平台的"头部影响力",另一方面拓展新兴媒体平台的"头部影响力",江苏广电总台对融媒体新闻架构进行了新一轮优化。

在全新的建构框架下,中心各部门有机结合、快速转型,很快进入"深度融合期"。无论工作日还是节假日,每天早九点半,电视、广播、新媒体、技术等不同板块人员会在总台融媒体调度指挥中心召开编前例会,围绕"荔枝云"技术平台的热点分析、统筹内容发布,部署编辑策略,并对策划、制作、编发、播出的整个流程实施动态跟踪。通过"荔枝云"技术平台及融媒体调度指挥中心的作用发挥,各板块及其新闻资源得以有效整合,社会效应也得到极大发挥。如 2019 年 3 月初在选题策划会上,"荔枝云"上一条来自教育频道的信息引起关注:一位军人父亲为救战友不幸牺牲,妈妈对儿子隐瞒了 10 年,直到儿子 10 岁才告知真相。中心经讨论决定将此新闻作为重点,深度采访并放大成特稿。报道过程中,记者陪同母子俩跨越 4000 多公里,前往军人父亲生前所在的西藏山南军分区边防某团寻访。4 月 4 日,长版视频《爸爸,迟到十年的拼图》和 3 则短视频率先在网络端推出,当即引发爆款效应,《人民日报》、新华社、央视新闻、光明网、中国军网等 64 家媒体"大 V"争相转载,数篇文章阅读量迅速突破 10 万 +。这篇报道的记者也在"好记者讲好故事"中脱颖而出,一段 8 分钟的报道,感动了无数人。

除此之外,融媒体新闻中心还将"融合创新"理念深度融入日常报道中,不断强化各栏目移动优先、融合传播意识,尤其以重大主题宣传为契机,将重大主题报道作为融合传播的"练兵场",推动部门员工在深化融合传播上下功夫。

图 1　江苏广电总台融媒体云平台

2020 年，面对新冠肺炎疫情，融媒体新闻中心在台领导的指挥下，迅速启动应急响应机制，以最快速度在江苏卫视频道增开午间和晚间二档《抗击疫情特别报道》，推出《我是党员我先上》《科学防控一起学》《直通黄石》等系列报道，确保在疫情防控关键阶段发挥好主流媒体的主力军作用，为夺取"双胜利"贡献力量。全年围绕中央精神和省委省政府中心工作，策划并高质量组织完成习近平总书记视察江苏与长江经济带建设等重大报道项目 10 多项；组织《践行嘱托开新局》《高质量发展看江苏》《连淮扬镇铁路全线通车》等大型融媒体新闻行动 10 多次；推出《走向我们的小康生活》《唱响新时代长江之歌》《聚焦长三角感受一体化》《危中寻机探新路》等重大主题报道 100 多个系列。坚持以人民为中心的工作导向，大型融媒体政策解读节目《黄金时间》获江苏省委书记娄勤俭 3 次批示表扬；系列全媒体直播《我为你而来》和《名医问诊》聚焦脱贫攻坚和公民健康，"3·15"消费者权益日、"6·5"环境日直播持续发挥品牌效应，《时代最强音》《劳动者·奋斗者》《你从未走远》等一批正能量广播电视新媒体专栏紧扣社会热点，有效引导社会舆论。

二、建成自主可控的"荔枝云"技术平台

互联网新技术正改变着新闻制播生态，唯有保持对前沿技术的敏感性与前瞻性，积极主动筹划和布局，方能抢占新一轮技术发展应用的先机。

2014 年，江苏广电总台提出建立"荔枝云"技术平台的整体构想；2015 年，总台借助承接国家课题的契机，着手建设"荔枝云"平台；2016 年，该平台建设成功并实现常态化应用，"内容汇聚、智能分析、策划组织、融合生产、多元发布、拓展合作"等 6 大基本功能得以彰显。在平台的技术支持下，中心新闻采制开启了"多来源素材汇聚、多媒体制作生产、多渠道内容发布"的全新生产模式。

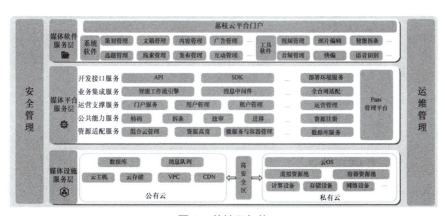

图 2　荔枝云架构

2018 年"荔枝云"技术平台经中广联合会技术委员会鉴定，技术水平达到国际领先水平，获年度广播影视科技创新奖最高奖——"突出贡献奖"。2019 年，"荔枝云"技术平台被确定为江苏全省唯一县级融媒体中心技术支撑平台。截至 2020 年年底，总台已完成我省 63 家县级融媒体中心技术系统建设工作，助力江苏县级融媒体中心建设

实现全覆盖。在抗击新冠肺炎疫情、省及全国两会等重大报道中，"荔枝云"技术平台第一时间将中央精神迅速精准地送达基层，为打通"最后一公里"发挥重要作用。

三、拓展新兴传播渠道

近年来，江苏广电融媒体新闻中心一方面努力巩固并提升广播电视的传播力、引导力、影响力、公信力；另一方面，大力拓展新兴传播渠道，策划推出原创新媒体内容，不断传递网络正能量，引领引导大众舆论。

2013年，"荔枝新闻"客户端上线，截至2020年年底，"荔枝新闻"客户端下载用户达3103万，先后获得第二十八届中国新闻奖一等奖、国家广电总局广播电视移动传播研究突出贡献App等多个奖项，成为全国省级广电新闻客户端中的佼佼者。

2017年8月，"我苏网"、"我苏"客户端上线，成为世人展示江苏、感知江苏的又一个综合性网络平台。截至2020年年底，"我苏"客户端累计下载452.7万次。

2017年4月，融媒体品牌"荔直播"上线。"荔直播"注重"大小屏联动，多平台融合传播"，聚焦省委省政府中心工作，关注社会热点和服务资讯，综合运用直播、短视频、H5等全媒体手段，对新闻事件进行立体式报道，实现直播常态化。截至2020年年底，"荔直播"共发布短视频1.82万条，直播近600场，总点击量近170亿次。"荔直播"获江苏省新媒体运用创新奖、中国新媒体公益优秀案例。微博平台"荔直播"短视频长期占据新闻类短视频头部位置。

与此同时，总台融媒体新闻中心各相关频道、频率、栏目也频频进军网络：2020 年《江苏新时空》推出"评新而论"公众号，目前订阅数已经近 10 万。"新闻眼"抖音、快手号"江苏卫视新闻眼"于 2020 年 8 月上线，仅 4 个月便生产千万＋播放量视频 2 条，百万＋播放量视频 28 条，快手号粉丝 13.3 万，抖音号粉丝 7.6 万。通过融合发力，融媒体新闻中心实现了内容转化、新媒体原创，以及与用户互动交流、线索搜集等功能，就此形成网上网下聚力传播，不断扩大矩阵影响力。

图 3 《江苏新时空》播报形式采用一坐一站形式

图 4 演播室主播实现场内、场外零距离连线

四、打造高品质融媒体内容产品

在打造融媒体内容产品上，江苏广电总台融媒体新闻中心始终秉持"做品质产品的主出口，把方向、导向把得牢牢的；让品质产品成爆款，把创新、创意放得开开的；在精准传播基础上做精准营销，把效果、效应做得实实的"。

2020 年，江苏广电新闻板块共计获中宣部、广电总局表扬 14 次；全年"1000 万＋"稿件 304 条，单条过亿稿件 22 条，稿件由中央网信办全网推送 289 条，省委网信办推送 841 条，366 次登上微博热搜，平均天天上热搜。2020 年 1 月，中心制作的《江苏省委书记进村检查疫情被拦下》9 秒短视频一发布，就登上微博热搜前三，《人民日报》等央媒大量转载，视频全网总浏览量超亿次。在新冠肺炎疫情防控最吃紧的时刻，为了解习近平总书记提出的防疫要求在江苏尤其是在基层农村的落实情况，省委书记娄勤俭用"四不两直"的方式到基层突击检查，却被村口大爷拦下，吃了"闭门羹"。中心第一时间把现场情况做成了 9 秒短视频并发送到新媒体端，"江苏疫情防控落实到位"也因此成为普遍共识。如此成功地把时政新闻做成短视频爆款产品，既有力宣传了江苏扎实的防疫工作，也塑造了良好的党委政府形象。除此之外，2020 年新冠肺炎疫情期间，中心还派出 24 位由广播电视新媒体记者混编组成的报道团队奔赴湖北前线，前后方紧密配合，一体化策划、融合传播。

目前，在江苏广电总台大力实施的"双头部"传播战略中，融媒体新闻中心作为先锋队和主力军，正按照总台统一部署，围绕团队、平台、技术、体制机制四个方面展开全面转型：

一是大力推动团队转型，促进全员进行新媒体转型。通过持续加强培训，注重孵化个人类、垂直类账号，真正让一线采编人员不断提升实战能力，避免出现本领恐慌。

二是大力推动平台转型，打造全媒体平台，打通"大屏""小屏"壁垒，在一次采集、多次分发的跨平台传播上下功夫，打造有影响力的新媒体产品。

三是大力推动技术转型，持续提升领跑优势，强化对新型技术的利用、开发和融合，并拓展市场意识，积极把握主动。

四是大力推动体制机制转型。充分释放一体化效能，给团队以更大发挥空间；采取更为科学合理的考评机制，拉开精品和常态产品的考核差距。同时强化协作，巧借他山之石。

媒体融合任重而道远。为此，江苏广电融媒体新闻中心也将不断创新，锐意进取，以更多有益思考和大胆实践，做强传统媒体和新媒体的复合影响力，继续发出时代最强音。

江苏广电总台融媒体新闻中心

四川广播电视台媒体融合发展报告

四川广播电视台深入贯彻习近平总书记关于媒体融合发展的重要指示批示精神，坚决落实中办、国办关于加快推进媒体深度融合发展的意见，按照省委省政府文化强省建设和国家广电总局推动广播电视播出机构做强做优的决策部署，主动作为，深入开展融合发展改革，改革力度大、发展势头好，在多个方面取得明显成效。

一、主要做法

（一）坚持内容为王，打造精品内容生产系统

四川广播电视台曾经把制播分离简单地处理为放弃内容生产，一定程度上丧失了内容生产的能力。新的领导班子成立后，坚决贯彻落实省委省政府振兴影视的决策部署，做的第一件事就是从全台选调最优秀的、最有能力的人员组建了纪录片中心，以全程记录川藏铁路建设和三星堆发掘为重点，真实记录新时代，展示新风貌，同时赋予影视剧中心更多的功能。完善频道频率制，把广告创收、经营方面的责任适当地向台的层面集中，让频道有更多的精力去从事内容生产。鼓励员工根据特长、爱好组建团队，培育广电专业

工作室和融媒体工作室，通过为项目赋责、赋权、赋能，配套相关激励政策，激活个体与团队的创新力，形成市场反应快、资源调配畅、创新效率高的创意单元。完善内部薪酬考核分配办法，给予内容创作生产的部门更多的效益奖。

（二）坚持移动优先，打造影响力强大的融合传播系统

整合四川广播电视台所有零散的广播、电视、新媒体、网站新闻资源，组建全媒体新闻中心，实现功能融合、流程再造、全媒体生产，真正实现一次采集、多元生产，多平台分发，实现大屏、小屏、广播与电视的真正融合。整合四川广播电视台广告部门和战略策划部门，组建全媒体运营中心，以传统广播电视广告为基础，加强全案策划和政务资源开发，探索新媒体运营模式，推进经营创收转型升级。依托"四川观察"与新媒体矩阵，构建全媒体立体传播格局，提升原创 IP 的全网影响力。推进县级融媒体省级技术平台建设，支撑县级融媒体中心全接入，高效利用"熊猫云"共享平台，打通各县级融媒体中心和省级技术平台之间的信息交互渠道，打造全省音视频"云稿库"平台，实现省市县通联合作、资源共享、宣传联动。

图 1　融媒体中心场景图

（三）坚持深化供给侧改革，打造优秀的专业频道频率

坚持问题导向和需求导向，优化资源配置，关停并转受众少、弱、综合效益低下的频率频道和节目栏目，解决同质化和供给过剩的问题。整合卫视频道和熊猫梦工场公司组建卫视中心，发挥卫视频道的平台优势和熊猫梦工场公司的市场优势，使四川卫视这一全省第一外宣平台更好地服务文化强省、旅游强省建设。将公共·乡村频道改版升级为乡村频道，抢抓频道上星加密定向传输的契机，深耕节目栏目，做好重大涉农主题宣传，组织好重大涉农活动，建成面向"三农"、服务四川乡村振兴的优秀专业频道。整合文化旅游频道与经济频道，加快超高清制播能力建设，在大运会开幕前建成全省首个 4K 超高清频道。整合交通频率、经济频率、天府之声频率，成立交通经济事业部；整合岷江音乐频率、城市之音频率、文艺频率，成立音乐文艺事业部；新组建成立全媒体音频事业部。

（四）坚持融合发展，打造协同高效的组织架构

面向市场竞争、面向融媒体融合发展，按照机构整合、资源聚合、人才融合、流程再造的思路进行机构的设置和人员的配置，成立七大中心、三个集群。七大中心包括全媒体新闻中心、四川卫视中心、广播传媒中心、纪录片中心、全媒体媒资版权中心、全媒体运营中心、全媒体技术中心。集群方面，公共服务集群，包括办公室、人力资源部等提供公共服务板块的部门；专业频道集群，包括文化旅游经济频道、公共·乡村频道。此外，还有产业集群。

建立符合行业特点、社会效益和经济效益并重、突出全网传播影响力、市场开拓效果等 KPI 指标的新型绩效考核评价体系，针对

不同岗位分类设计绩效考评办法，建立以绩效奖为主的收入结构。年底前将完成机构设置、干部竞聘、定岗定员等改革工作，为打造新型主流媒体、推动广播电视播出机构做强做优打好基础。

图2　组织架构之七大中心

图3　组织架构之三集群

（五）坚持双效统一，打造产业聚合发展新格局

建立健全把社会效益放在首位、社会效益和经济效益相统一的体制机制，按照保存量、稳大盘、防风险、拓渠道的思路，组建全媒体运营中心和全媒体媒资版权中心，深度推进"广电＋"模式。设立媒体融合发展专项资金，对重大新媒体项目、重大专题宣传项目、重点新业态拓展项目等进行专项投入。升级"节目营销"促进

创收，定制"节庆营销"挖掘增量，聚力"活动营销"撬动市场，多维开掘市场，成功引入郎酒、泸州老窖等千万量级大客户。创新产品策划，优化服务质量，稳步推进政府资源开发。与深报集团联合运营成都地铁广告项目，市场前景看好；开设"金熊猫 VSPN 全电竞"专区，数娱文化产业迈出步伐；台属金熊猫文化公司、金熊猫创想科技公司入驻成都高新区"瞪羚谷"园区，拓展教育培训产业和音乐产业；台属传媒集团公司入股川报旗下四川文传公司，做大做强文博会展产业；引资峨眉电影集团入股台属星空影视公司，发展影视文化产业。

二、工作成效

（一）新闻宣传和精品创作涌现新亮点

围绕全面建成小康社会、决战决胜脱贫攻坚等重大主题，精心策划专题专栏、新闻行动和融媒体产品，营造全省改革发展稳定的浓厚氛围；卫视《新闻联播》用稿量持续增长，受到省委主要领导肯定。新冠肺炎疫情期间，四川广播电视台先后派出 3 名记者前往武汉，驻守医院 50 多天，推出的多篇疫情防控报道引发广泛关注，获得强烈反响；制作播出"致敬向疫而行的你"四川好人特别制作主题晚会、《直与天地争春回——2020 四川战"疫"纪实》纪录片、《同"心"抗疫》等系列公益广告，上线《疫情在前 警察不退——四川公安战"疫"特别报道》等专题、《防"疫"主播说》等新媒体产品，创意视频连载《沙画声音日志》，微博点击量突破 2300 万次，获得《东方时空》等中央媒体栏目多屏传播。精品创作取得明显成效，2019 年以来，获得国家级和国际性奖项 22 个，8 件作品荣获中国新闻奖；联合出品的纪录片《沉银追踪》在央视纪录片频道播出；与日本 NHK 电视台合作的 8K 纪录片《俯瞰——岷山深处的天空之湖》在日本 NHK 电视台 8K 频道和四川卫视播出，开创 8K 超高清视频技术在我国西部实际运用的先河。电视剧《亲爱的自己》登陆湖南卫视，在芒果 TV 独播。网络剧《危机先生》将在央视和优酷等平台播出。

（二）融合发展结出新成果

强化"在发展中融合、在融合中发展"理念，构建以"四川观察""熊猫视频""熊猫听听""香巴拉资讯"等客户端为移动端传播平台，以"四川 IPTV"为电视端传播平台，以四川广播电视台官网为 PC 端传播平台，以"四川新闻频道""交通广播"等微信公众号为社交媒体传播平台的新媒体集群，四川广播电视台被国家广电总局评为 2020 年全国广播电视媒体融合先导单位（全国排名第二）。"四川观察"作为四川视频新闻第一屏，已成为全国前列的广电音视频新媒体品牌，客户端下载量超过 720 万，全网点击率突破 15 亿

图 4 "四川观察"移动端传播平台

次，多个融媒体产品成为全网"爆款"，获中国新闻奖、四川新闻奖等10余个奖项。抖音号粉丝突破3800万，位居全国省级媒体第一位，全国媒体第三位，仅次于《人民日报》和央视。联合全省21个市（州）电视台成立"直播四川联盟"，以直播、活动、渠道、制作、广告代理为主要合作方向，步入良性发展轨道。规范全省IPTV集成播控平台，IPTV用户稳步发展，总数突破1500万，位居全国第一。所有频道实现高清同播，提前一年完成省委省政府下达的任务。有序推进县级融媒体中心省级技术平台建设，承建了70个县级融媒体中心，推动了全省县级融媒体中心建设发展。

（三）体制机制创新取得新突破

坚持开放发展理念，实现开门办台，利用外部力量激发创新活力，打破人员不流动、节目不开放的封闭局面。树立鲜明的干事创业用人导向，人员重新定岗定位，一批80后员工走到了干事创业的前台，改变了员工的观念、理念，提振了干事创业的精气神。目前全台员工精神状态饱满，内部活力得到了有效激发，同时川台的美誉度与社会形象得到全面提升。

（四）营收情况实现新改善

2020年，受新冠肺炎疫情影响，全国的电视台（包括中央电视台）广告收入下降幅度都很大，川台广告收入也在下降，但下降的幅度在全国的电视台里算是很小的。在川台的收入中，非广告收入的比重在上升，川台自身"造血"功能明显增强。

四川广播电视台

新平台 新渠道 新矩阵 新传播

——南京广播电视集团媒体融合发展实践

南京广播电视集团成立于 2002 年，是国家广电总局批准的第一家全国副省级城市广电集团，是全国文化体制改革试点单位。集团拥有电视频道、广播频率以及南京广播电视网、南京广播网、"牛咔视频"App、在南京 App 等多个网络平台和移动终端。近年来，随着媒体融合改革发展的力度不断加大，新型传媒集团的框架已基本形成，传播力、影响力持续加大。

一、主要创新做法

（一）以规划设计为引领，校准融合发展方位

融合发展是南京广电集团创新发展的重中之重。2014 年以来，以建设"多媒体、跨平台、广覆盖"战略思路，率先开启媒体融合发展之路，进行了一系列有益探索和创新。2017 年以"移动优先、网台联动"为策略，制定实施以"融媒体＋"为核心的三年发展战略规划。2018 年整合资源，组建了融媒体新闻中心、网络传媒中心等五大中心，取得了卓有成效的进展。

2020 年，集团进一步推进融媒改革，打破传统广播电视媒介区隔，重组成立了融媒新闻、融媒产品、融媒技术、融媒营销、产业发展五大业务中心，形成融合发展的组织体系、功能板块。以服务城市发展、企业成长、市民生活为价值定位，向新型文化传媒综合运营商转型，致力于发展成为以融合传播为重点、以广电媒体业务为特色的新型媒体集团。

（二）以移动传播为重点，构建新型舆论阵地

集团坚持"移动优先"战略，转化与释放传统媒体的专业采编优势、信息资源优势，建立全媒体联动机制，开发适合多屏传播、多渠道分发的融媒体产品。在重要时政报道、重大主题宣传中，把交互融合贯穿策划、采制、编辑和多渠道传播的全过程，力求实现传播内容、传播形式的双创新。

2018 年 10 月建成集团融媒体新闻指挥中心，2019 年建成融媒播控中心，构建了全新的面向频道、频率及"App+PC+ 两微"的融媒体新闻宣传传播新平台，推进了新闻宣传的流程再造，实现了新闻宣传多渠道、全媒体、跨区域、立体化的传播新格局。

图 1　融媒体新闻指挥中心

图2　融媒播控中心

（三）以平台建设为抓手，拓展融媒传播渠道

集团集中力量强化渠道建设，搭建起多个自主可控的新媒体平台。

基于"牛咔视频"客户端的移动传播媒体矩阵平台以"短视频＋网络直播"为特色，每年直播近千场，是集精品内容生产、优质品牌传播、高效服务落地于一体的视频应用平台。

牛咔视频APP
· 注册人数近**150万**；
· 以"NBS+"为核心，立足南京广电电视＋广播＋新媒体视频资源，以"短视频＋网络直播"为手段，为公众和客户提供集直播、点播、分享互动于一体的跨平台视频服务；

双微矩阵平台
· 微信、微博粉丝**近千万**；
· 已入驻账号40余个；
· 微信平台月总阅读量超200万；

快手号：南京广播电视台
· 积累粉丝数近千万；
· 南京地区媒体类头部账号；
· 视频播放量稳步提升，单条视频最高播放量达**2458万**；

头条系媒体矩阵（今日头条、抖音）
· 总粉丝量达数千万级；
· 南京地区媒体类头部账号；
· 单条原创视频最高播放量为2亿；

其他平台
· 腾讯
· 优酷
· 土豆
· Bilibili
· 好看视频

MCN（奇迹畅娱）
· 200个官方账号，总粉丝数近2000万
· 最高直播在线互动总人数超百万
· 《奇迹杂货铺》上线当天直播订单突破20000单

图3　南京广电集团新媒体传播矩阵

基于"在南京"客户端的"融媒体＋智慧城市"平台以"广电（趋势）＋平台（科技）＋IP（创意）"为品牌输出模式，高质量进行品牌横向拓展，到2020年年底已在全国24个省市区的58个城市落地复制，逐步建立起具有南京广电品牌效应的全国城市广电融媒体联盟。

奇迹畅娱MCN链接上下游资源，搭建起集创意、内容、制作、传播于一体的新型媒介运营平台，成为全新的融合传播和营销载体。

"小时间"音频平台发挥专业优势，与江苏凤凰传媒集团、喜马拉雅App等广泛合作，推出一系列精品音频产品，打造南京广电有声阅读平台并实现电商经营突破。

（四）以技术创新为支撑，强化融媒发展基石

集团构建由"全媒体资源汇聚平台、资源服务平台、集成播控平台"三大核心模块组成的技术系统，将大数据、云计算、人工智能等技术运用到全媒采编平台之中，着力推进4K建设、高清电视制播系统、AR沉浸式仿真演播室和基于IP技术的全流程播控系统的应用开发，改善广播电视节目及移动短视频节目制作和播出质量。

积极打造支持内容版权确权及交易的区块链技术应用平台，应用新技术手段构建媒体融合的互动模式。推出"5G Live"双向融播平台，将网络直播内容同步呈现在电视频道上，真正实现了电视大屏幕与手机小屏幕的双向融合、双屏联动、信息互动，打造新玩法、新融合、新起点。

（五）以转型发展为动力，激发融媒产业新动能

在新的五大中心框架下，集团集中优势力量，重构业务模块，

已构建起以服务城市发展和市民生活为核心、以内容经济为主业、生活服务和技术服务并行、以相关多元化经营为补充的综合性产业体系，打造高质量发展的"增长极"。以"融媒体+"为手段，深耕垂类专项市场，积极拓展新媒体广告经营，开展"类广告"等重点产品的衍生业务开发。拓展网红经济，重点发展短视频、移动直播及衍生产业。强化活动经济，全力开展活动和会展业务，深度融入城市发展和群众生活，努力成为南京文化宣传、媒体推广及运营的综合供应商和活动总代理。

（六）以互联共享为旗帜，创新城市广电传播格局

在媒体融合成为国家战略，重要城市空间形态呈现都市圈的趋势下，集团立足长三角中心城市、南京都市圈、长江经济带的区位优势，以互联融合、联合拓展为价值导向，打开城市广电本地传播边界，构建省内城市广电媒体互为补充、传统媒体和新兴媒体协同并进的城市广电传播新格局。

1. 建立"两盟一体"

2018年，由集团牵头的江苏省内13家城市广电联盟、南京都市圈城市广电联盟、南京镇江扬州广电协作体挂牌成立并正式运作。"两盟一体"以依托各城市台媒体资源优势，打造并形成形态多样、手段先进、竞争力强的跨省区域性城市广电媒体集群为思路，聚合江苏省内13座城市以及安徽省4座城市的广播电视和新媒体资源，在新闻联播平台的打造、新兴媒体平台的共建等方面展开深度合作，发挥集聚效应，实现优势互补，拓展发展空间。

2. 开创独特的"城市联合模式"

集团联合江苏城市广电媒体于2005年成立的江苏城市联合电视

传媒有限责任公司，经过十多年运作已成为全国唯一的公司化联合采购实体，以专业购片公司的形式来购买和运营电视剧，在影视剧行业中已经成为具有标志性意义的先锋集团。2016 年再次联手省内12 家城市广电媒体成立的电视剧投资生产专业公司，着力打造江苏省优秀的影视制作龙头企业，逐渐走向影视行业产业链上游一线。

二、突出成绩与社会反响

媒体深度融合激发了转型发展新活力，集团的综合实力不断增强，主流媒体的传播力、引导力、影响力、公信力全面提升。

（一）融屏合作迭代并进，传播力有效提升

传统电视广播着力打造精品内容和品牌栏目，新媒体端、网、号全面发力，全面深度融合，筑牢传播主阵地。

重大主题宣传创新行动以跨区域传播创造新价值，联合省内 13 家城市台打造 9 小时融媒体直播节目《风起东方》，联合 9 座渡江战役节点城市台推出大型融媒体直播《红旗插上"总统府"》，极大提升了传播效果。大型融媒主题宣传季已成为重大主题报道的一个品牌。

以"牛咔视频"为主的技术先进、特色突出、用户众多、自主可控的新型移动传播矩阵，新媒体粉丝数累计超 3500 万。"南京广播电视台"抖音号粉丝过千万。奇迹畅娱 MCN 入选"年度全国广电十佳 MCN 机构"，快手号在全国地市级媒体号综合榜中名列前茅。

"Live 南京"双向融播平台借力 5G，实现手机小屏、电视中屏、户外大屏全维传播，以城市美景引发共鸣，以情怀认同实现传播价值。

图 4 "Live 南京"城市直播平台实现多维融合

（二）融媒场景广泛应用，创新力显著增强

1. 融媒产品创新

移动优先战略全面激发了创新力，推出一大批引人瞩目的融媒产品。"牛咔视频慢直播"将南京实时画面 24 小时呈现在网友面前，在线观看人数累计达 5 亿。"线上演唱会——音乐云现场"作为江苏地区首个通过"云分享"的音乐会，在线收看人数累计超 1200 万人次；在全国率先发起"头球接力 共同战疫"线上足球接力活动，被全球最大中文足球社区"懂球帝"App 首页置顶推荐；倡议发起的"一首歌温暖一座城——百城联唱·激情战疫"行动，在"学习强国"App 平台和"央视频"专题展示，在百家城市新媒体平台播出。

2. 融媒技术创新

国内首个全 IP 高清融媒播控系统建成启用，"Live 南京"城市直播平台开创了传统电视与新媒体融合、慢直播与实时互动结合之先河，"天权"区块链版权存证及云内容生态系统平台挖掘网络视听新价值。

3. 融媒运营创新

国庆期间承办的南京国际森林音乐会，超千万人次在线实时观看，近万人体验"音乐会导赏"小程序。"在南京"App 开展的"战疫情、守'胃'宁"公益活动为民生物资配供打通"最后一公里"，线上助力农副产品销售百万斤，受到全国多个城市媒体的效仿。

（三）融合成果层出不穷，影响力持续提高

1. 集团多部融媒作品获得中国新闻奖等大奖

《南京长江大桥》和《40 年·那些日子》荣获第 29 届中国新闻奖，《不要让群众在危房里奔小康》等 3 件作品荣获第 30 届中国新闻奖。

大型融媒季播节目《南京》已制作播出 5 季并在欧洲播出，努力打造全媒体对外传播格局，获中宣部新闻局通报表扬，称该节目是"探索电视专题片融合传播新方式、成为弘扬主旋律报道的一次创新实践"。

针对"南京大屠杀死难者国家公祭日"开展的"紫金草行动"，线上线下同时进行，已持续 5 年，成为融合传播的大型主题新闻行动。

2. 融媒项目全面发展

"南京广电智媒融合平台建设项目"等 3 个融媒项目入选 2019 年度国家广播电视和网络视听产业发展项目库，"融媒体＋智慧城市"项目被国家广电总局评为 2019 年全国广播电视"媒体融合成长项目"。集团获得 2020 年江苏省广播电视媒体融合优秀案例评选"先导单位奖""成长项目奖"和"融媒体抗疫宣传优秀案例奖"，并被国家广电总局评为"2020 年全国广播电视媒体融合先导单位"。

江苏省南京广播电视集团

动静之间，生生不息

2015 年，习近平总书记视察贵州时表示，希望贵州走出一条有别于东部、不同于西部其他省份的发展新路。近年来，贵州广播电视台牢记总书记嘱托，努力探索一条具有自身特色的融合发展之路，在台党委的全力领导下，这条融合发展之路可以用"行政推动""龙头带动""人才驱动""融合联动""服务拉动"来概括。

图 1　贵州广播电视台正在努力探索具有自身特色的融合发展之路

贵州广电的融合发展应该走一条什么样的路？资本驱动、技术驱动还是内容驱动？以融媒体中心成立为标志，贵州台的融合发展开启了加速进程。以内容驱动为先导，2018 年年底，原来的新闻中心和一个技术部合并进了融媒体中心，并新组建了运营部，负责制播《贵州新闻联播》在内的部分大屏节目及所有的小屏节目。融媒体中心成为新型的采、编、发大平台，并很快实现移动优先的"三个100%"：采访力量迁入100%、移动端首发100%、复合融合采编人员占比100%。大小屏生产全面打通，着力推动"新闻＋政务＋服务"的模式。

一、行政推动

行政推动，体现生产力先导。全台关停了散落在各频道和频率的100多个粉丝少、影响弱的微信和微博，把生产资源转移到全台重点打造的"七位一体"传播矩阵上。这个矩阵首推的平台是"动静新闻客户端"，还有以"动静"两字为名的系列微信号、抖音号、快手号、头条号等。

图2　以"动静新闻客户端"为旗舰的"七位一体"传播矩阵

二、龙头带动

龙头带动，体现移动先导。我们倾力打造"动静新闻客户端"，把它作为全台传播矩阵的旗舰。目前，第三方统计下载量5000多万次，不仅是全台融合的龙头，还成为省内领跑者。我们的系列矩阵号中，"动静贵州"微信号粉丝超300万，是全省媒体第一大号；"动静新闻"抖音号粉丝近700万，位居全国媒体类前20；快手号粉丝300万，居全国前十。依托这些新渠道、新平台的影响力，2019年，我们在参与广电总局牵头的大型直播"长江之恋"时，全渠道分发取得极大的反响，后来为国庆而作的全省5小时大直播"贵州恋歌"、2020年的首届"动静网络春晚"，都获得了千万级的播放量。中联部的"中国共产党的故事——习近平新时代中国特色社会主义思想在贵州的实践"专题宣介会，通过我们分发也收到网友热烈反响。

"动静"系列新渠道的影响力与日俱增，"动静"传播品牌的知名度正在上升。但"动静客户端"、"动静贵州"微信号、"动静新闻"抖音号、"动静视频"快手号，这些都是在融媒体中心下运行的产品，一个部门的转型怎么能算"媒体转型"呢？对照"四全"媒体的目标，我们在想：怎样让融媒体中心一个部门跑出的加速度在全台来"带节奏"，形成贵州广电更大的转型势能？2020年5月，由融媒体中心提出，台党委支持，"动静客户端"的七个二级导航面向全台开放，所有的部门，甚至自由组合的团队都可以来领办，既领到内容生产的责任，也领到经营活动的权力，为期一年。采用书面方案、台上演讲、现场投票的方式。当天，会议室一座难求，许多部门精心打磨竞争方案，有的班子全体现场助威。最后，法治频道领办了"财经导航"，音乐广播拿走了"体育导航"，台属的广告公司如愿得到了"房产导航"。几个月下来，"动静客户端"发稿量从日均 400 条提升到 700 条，全台其他部门通过客户端创造价值数百万元，推动了全台的生产和经营向手机端迁移。

三、人才驱动

人才驱动，人才智力先导。融合到底行不行，关键看人才。从全国来看，贵州不算是人才高地。为此，我们不遗余力发掘、培养、引进人才。2019 年年底，台党委授权、融媒体中心执行的征集融合创新项目的"青云令"，抛出 2000 万元项目孵化金，面向全国征集了 62 个项目，通过几轮 PK，遴选出 12 个创新项目进行孵化，这些项目中有的已经找到商业合作。

为激发现有人才的活力，中心每周开展一次"技能擂台赛"，主播现场说、摄像限时拍、运营热策划，带动创新的氛围。

四、融合联动

融合联动，开放策略先导。我们认为，媒体融合的底层逻辑应该是开放。为此，我们面向全社会打开大门。我们广泛地邀请社会各界了解融合发展现状的人士参与内容策划，鼓励各类机构通过"动静客户端"与其目标人群连接。一年多以来，先后邀请全省的机关、高校、企业、旅游机构等约 400 家单位到融媒体中心参观做客、交流座谈；我们与全省近一半的县共建县级融媒体中心，与他们共享技术后台；与市州共建融媒体中心，创新了省、市、县三级"纵向融合"模式；我们通过"动静学院"开展融合知识技能的分享座谈会，帮助各级媒体和机关企事业单位用好媒体、推进融合；我们先后十余次前往上海、山东、湖南、北京等地学习考察，感受融合发展的强劲势头，并与字节跳动、快手、知乎、北京时间等达成战略合作。

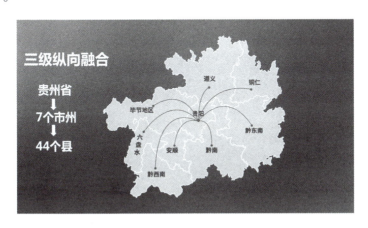

图3 贵州广播电视台与全省各市州共建融媒体中心

五、服务拉动

服务拉动，行动实践先导。有人说"大众传播已死"，媒体在当下最大的不适应，确实是缘于社会传播模式的转变。"大众传播"虽在，但大众更爱"自我传播"，习惯主流地位的主流媒体，一时不知该把自己如何安放。2020年9月，中办下发的《关于加快推进媒体深度融合发展的意见》指出，主流媒体要占据"服务人民"的传播制高点。是的，"服务人民"，一年多以来我们践行最多的就是这项工作。我们一方面坚守媒体的阵地，另一方面充分利用国家广电总局授予贵州建设智慧广电综合试验区的机遇，努力跳出媒体的原生功能，把自己作为一个深度参与社会各类资源流动的平台，把自己变成一种参与社会治理的工具。贵州省委省政府延续多年的项目观摩会，自从由"动静"提供"视频观摩"方式后，就从现场转到了手机上；"动静"还是全省数百万中小学生新冠肺炎疫情期间必用的网课平台；我们为所有机构提供答题、投票、展演服务；为全省的果农提供"最美果园"评比活动。

图4 融媒体中心牵头举办多项活动

正是这些累计数百场次的服务，渗透进全省方方面面、各个角落，连接起不同的人群，带动了活跃度，提升了影响力，让媒体找回了作为"主流"的存在感。然而，更重要的是，我们还找到了真金白银。融媒体中心成立第一年就走向市场、担负经营任务，当年超额完成了台下达的任务指标。对全台干部职工而言，这些荣誉更重要的意义在于坚定了我们工作的信心。

2020年9月，在全国抗击新冠肺炎疫情表彰大会上，我台融媒体中心党总支荣获"全国先进基层党组织""全国抗击新冠肺炎疫情防控先进集体"称号，我台是全国唯一一家同时获得这两项重要荣誉的省级媒体，我们感到无上光荣，也倍感责任重大。2020年，融媒体中心制作的电视专题片《我是188万分之一》荣获第三十届中国新闻奖一等奖。

贵州的电视事业诞生于一条名叫青云路的小街上。今天，我们的新媒体事业以"动静"为名。"动静"两个字中，悄悄藏着我们的价值观，那就是：奋力争先。在这大浪淘沙、不进则退的融合年代，我们就是这样一支有着强烈求生欲的团队，我们在奋力迁徙，从传统的渠道、生产、思维模式，迁徙到互联网的广阔天地，迁徙到更广大的人民群众中间——动静之间，生生不息！

贵州广播电视台融媒体中心

融出一片广阔的新天地

作为中宣部重点联系推动、江苏省首批建设试点的县级融媒体中心，自2019年8月12日成立以来，昆山市融媒体中心深入学习贯彻习近平总书记关于加快推动媒体融合发展的重要论述，认真落实中央关于加快推进媒体深度融合发展的要求，把媒体融合发展作为一项紧迫任务，围绕打造主流舆论阵地、综合服务平台、社区信息枢纽的功能定位，进一步解放思想、勇于突破，大胆闯、大胆试，深化体制机制改革，努力做好"融"的这篇文章，走出了一条媒体深度融合改革创新的"昆山之路"。

一、抓好顶层设计，激发改革创新活力

昆山市融媒体中心（昆山传媒集团）是由原昆山日报社和原昆山市广播电视台整合而成。昆山市融媒体中心为市委直属事业单位，归口市委宣传部领导；昆山传媒集团是市属国企，实行"一套班子、两块牌子"的运营模式。

一是成立高位协调领导小组。成立由市委书记任组长、市长任第一副组长的融媒体中心建设领导小组，下设政策对接、人才保障、项目建设、资金保障4个专项办公室，为全市范围内统筹更多

资源支持融媒体中心建设提供组织保障。

二是出台改革创新政策。在组织架构、薪酬体系、采编流程、平台建设等方面创新提出一系列改革举措。一方面，制定出台了《关于加快昆山媒体融合改革发展高标准　做好全国县级融媒体中心试点工作的若干意见》，由昆山市委常委会审议通过。《若干意见》从深化人事薪酬制度改革、创新人才引进激励政策、加大财政扶持力度、高标准加快推动传媒大厦建设等方面，给予政策支持、鼓励创新突破。另一方面，制定出台了《昆山市加快推进媒体深度融合发展的若干措施（试行）》，经昆山市委深改委第六次会议审议通过。《若干措施》从深化体制机制改革、优化薪酬管理体系、加快人才队伍建设、拓展文化服务产业、加大支持保障力度等方面为扎实推进县级融媒体中心建设提供了制度保障，为下一步改革发展创造了有利条件。

三是重构优化组织架构。打通各媒体平台，成立全媒体指挥中心、技术中心、行政中心、公共服务中心、产业发展中心五大中心，下设总编办等部门，并组建了文化传播、影视发展、才艺培训、资产管理、商贸服务五大子公司，形成了全媒体融合发展组织架构和"事业单位、企业化管理、市场化待遇"体制形式和运营模式。

四是创新管理运行机制。成立编辑委员会、公共服务委员会和技术委员会，定期召开工作例会、专题会议、业务分享会等，形成常态化的沟通交流机制。推行项目制、工作室、事业部等管理模式，试行"竞聘（竞标）上岗、独立核算、自主运营、权责利配套、风险分担，成果分享"的管理机制，赋予创新团队必要的人财物及经营自主权。推进岗位胜任度评价，完善待岗培训、机动调派、二次上岗与退出等配套制度，建立合理的岗位流动"换血机制"，激发团队干事创业的激情。

图 1　融媒体中心

图 2　融媒体指挥中心

二、聚焦主责主业，新闻宣传亮点纷呈

一是融合传播，矩阵效应日益凸显。按照 App 要"快"、微信要"精"、广播电视做"活"、报纸做"深"、视频号创"优"、抖音

追"新",移动直播贯穿一体的功能定位,把"第一昆山"App作为本地新闻资讯发布的第一落脚点,各平台实现差异化传播。在重要会议(活动)、重大主题的宣传上,在重大突发事件、热点问题的正面回应上,各平台统一发声、互相支持、多媒相融,融合宣传的聚合效应日趋凸显。2020年,"昆山发布""第一昆山"微信公众号共推送稿件2500余篇,总阅读量超过2760万次;"第一昆山"App自8月上线以来,共推送稿件5000余篇,总阅读量超过45万次,取得了较好的传播效果。"昆山发布""第一昆山"两大微信平台粉丝数量均超40万。

二是紧锣密鼓,重大报道高潮迭起。开设决胜高水平全面建成小康社会、开启全面建设社会主义现代化国家新征程相关栏目;聚焦2020苏州国际精英创业周"昆山专场""金秋经贸招商"等活动;策划"十三五"规划圆满收官的宣传报道;宣传好生活垃圾分类工作;助力文明城市创建;坚持安全生产宣传常抓不懈,开设《敢于担当 善于作为——2019年度担当作为好干部》《劳动者最美丽 奋斗者最光荣——2020年劳动模范的故事》等各类专栏,广泛开展先进模范学习宣传活动,营造崇尚英雄、学习英雄、捍卫英雄、关爱英雄的浓厚氛围,充分发挥新闻媒体对市委市政府中心工作的助力作用。

三是战"疫"一线,提供有力舆论支撑。在此次新冠肺炎疫情防控阻击战中,充分发挥"移动优先、多媒相融"的优势,广泛宣传各项疫情防控举措以及健康科普知识,大力宣传昆山市委市政府支持中小企业共渡难关、精准推动企业有序复工复产的各项支持政策,生动讲述防控一线"先锋时代新人"的感人事迹,挖掘报道

"凡人善举"的大爱无疆。"昆山发布"和"第一昆山"微信平台推送 1000 余条，阅读量超过千万人次。其中，"昆山发布"共有 30 多条"10 万 +"阅读量的作品，其中单条阅读量最高近 80 万；"昆山发布"微信平台单日总阅读量最高超 110 万。在苏州市县区微信排行榜（政务类）中，"昆山发布"凭借"10 万 +"文章的强力助推，连续多周居榜单首位，显示出了宣传平台在重大突发事件中的传播力、影响力、引导力和公信力，为昆山夺取新冠肺炎疫情防控和经济社会发展"双胜利"提供强有力的舆论支撑。

四是上通下联，对外宣传精彩纷呈。 中心（集团）专门设置外联部门，配备精兵强将，加强与中央台、江苏台、《新华日报》和"学习强国"等上级媒体的通联。截至目前，昆山市融媒体中心在央视、央广、《人民日报》、新华社、中新社等国家级平台发稿 130 余篇次，其中《新闻联播》9 篇、《焦点访谈》1 篇，省台 430 篇次，苏州台 877 篇，学习强国 332 篇。尤为值得一提的是，2020 年 7 月 6 日，在"走向我们的小康生活"专栏中，《新闻联播》以《昆山：智慧农业平台助推农民增收》为题，用近 4 分钟时长，详细报道了昆山通过搭建智慧农业平台，帮助农民增收、创收的成功经验。

三、提升服务能力，融媒品牌深入人心

一是客户端上线，拓展"媒体 +"功能。 2020 年 8 月 12 日，昆山首个自主可控"新闻 + 政务 + 服务"客户端——"第一昆山"App 正式上线。客户端充分发挥实时性的新闻发布、常态化的节目直播、全天候的网络互动、智能化的生活服务四大功能。其中，"昆如

意"板块已有政务服务、生活服务、社会治理三大类共 56 项服务功能，在宣传引导和服务群众方面效果显著，成为昆山首个集主流舆论阵地、综合服务平台、社区信息枢纽于一体的"昆山第一官方门户客户端"和"城市生活服务总入口"。

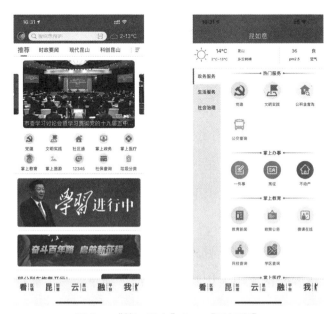

图 3 "第一昆山"App"昆如意"

二是承办重大活动，打响融媒品牌。积极承办对话"昆山之路"、政协问政、发放消费券、"中国—中东欧国家合作新春晚会"和"双 12 苏州购物节"昆山狂欢购系列活动。其中，"中国—中东欧国家合作新春晚会"是我国在 2020 年举办的唯一一项文化交流外事活动，昆山传媒集团作为承办单位之一，在做好防疫工作的同时，确保了活动圆满完成。一系列活动的成功举办，得到了上级领导的高度评价，受到了社会各界的广泛关注，既彰显了国企担当，锻炼了队伍，又打响了品牌，树立了形象，为下一步传媒集团承接大型活动开好局、起好步。

三是发挥融合优势，深耕政务服务。配合昆山市委市政府和相关部委办局做好网络直播，全年共完成全市作风建设表彰大会、市民文明十二条2.0系列、党员教育公开课、"昆马"等直播187场，观看总流量超300万。将媒体资源和优势"嫁接"到新时代文明实践中心平台建设中，实现互联互通、优势互补、深化融合，共推出相关报道700多篇。在昆山创建全国文明城市中，高质量完成了文明办布置的任务，为成功创建贡献了力量。配合做好"百戏盛典"的录制和口述史视频制作，受到文化和旅游部艺术司的高度肯定。

"惟改革者进，惟创新者强，惟改革创新者胜。"融合改革一路走来，有艰辛、有坎坷，在一系列改革举措的驱动下，我们欣喜地看到：首先从内部看，组织架构优化整合到位，架构更完善。融媒体中心打破了原先报是报、台是台，各自为政、各行其是的封闭格局，组织架构、责权利分明，资源高效配置；管理更科学。建立、实施灵活开放的选人用人机制，干部能上能下、员工能进能出，有为才有位的意识不断增强，大大激发了员工活力；绩效更合理。推动薪酬绩效考核制度走向市场化，打破了事业化大锅饭体系，调动了各层级积极性，"关注发展、结果导向、讲究贡献、绩效公平"的理念深入人心。其次从外部看，得到了上级部门与媒体的广泛关注。新华网推出深度报道《融媒"昆山号"破冰远航》；中宣部《每日要情》刊发《江苏昆山高标准推动县级融媒体中心建设》信息；新华社《高管信息》刊发《昆山融媒体中心建设：创新突破，各展所长》；交汇点新闻客户端发文报道《江苏唯一！昆山市融媒体中心获评全国市县媒体融合先导单位》；《苏州改革》刊登《融出一片广阔的新天地——昆山市融媒体中心改革试点的创新实践》，充分肯定了融媒体中心的融合改革成效。2020年11月，市融媒体中心获评全国市县媒体融合先导单位；2020年12月，荣获"2020年全国广播电视媒体融合先导单位"称号，是全国唯一获此荣誉的县级融媒体中心。

下一步，市融媒体中心将始终坚持以习近平新时代中国特色社会主义思想为指导，认真贯彻落实《关于加快推进媒体深度融合发展的意见》精神，按照打造主流舆论阵地、综合服务平台、社区信息枢纽的功能定位，紧扣昆山市委市政府中心工作，聚焦主责主业，当好党的喉舌，为昆山全力打造社会主义现代化建设标杆城市，争当表率、争做示范、走在前列，提供强有力的思想保证、精神动力和舆论支持。

一是持续深化改革，激发创新活力。稳步推进《昆山市加快推进媒体深度融合发展的若干措施（试行）》与《薪酬与绩效改革方案》等配套方案落地落实。

二是聚焦主责主业，做好新闻宣传。建立完善全媒体传播体系，充分发挥融合聚合效应，把庆祝中国共产党成立100周年宣传报道作为贯穿全年工作的一条主线，开展重点策划，进行多平台、全方位、全景式报道。做好主动接轨上海深度融入长三角一体化、昆山试验区、昆台融合、昆山金改区、科创昆山、加快转型提升城市能级和核心竞争力、以六保促六稳等重点宣传报道，聚焦昆山更有"温度"的发展实绩、书写昆山更有"厚度"的民生答卷。

三是强化移动优先，增强服务功能。有序推进"第一昆山"App功能开发，逐步完成掌上教育、掌上政务、掌上旅游、互联网医院项目等开发建设，不断优化服务功能，为市民提供网上生活服务平台，打造昆山智慧城市服务新模式。

四是重视人才培养，打造全媒队伍。增设"资深、首席"专业岗位晋升通道，公开选聘，动态管理，让优秀人才有成就、有地位、有待遇、有归属感。鼓励和推动知名编辑记者、主持人等到新媒体平台发挥作用。

五是加快产业发展，提升造血功能。积极整合传媒资源，进一步做强公共服务、广告营销、大型活动、培训教育等传统优势产业，积极发展文化投资、产业金融、新型商贸服务等业务，做大做强媒体产业。加快推动传媒产业园建设，成立昆山传媒影视文化服务中心，倾力打造影视剧拍摄、制作等全产业链服务平台。

江苏省昆山市融媒体中心

统 同 通 融

在百年未有之大变局中，媒体行业群雄逐鹿，变生新，新生融。从"推动"到"加快推进""深度融合"，媒体融合发展绘就的路线图愈发清晰，媒体融合建设进入新阶段，任务进一步升级，走向纵深。深圳广电集团融媒体中心应运而生，它是深圳广播电影电视集团下属综合性部门，于2019年4月29日正式挂牌成立。目前，融媒体中心拥有时政新闻中心、民生节目中心、区域新闻中心、新媒体中心、影视剧和节目编排中心、广告运营中心等六大二级中心。融媒体中心承担着新闻宣传、新媒体运营、影视产品购销制播、广告经营等职能，是集团组织重大宣传报道、生产精品视频、引导社会热点、开展舆论监督、推动多媒体融合发展的重要部门，现有员工670人。

融媒体中心拥有强大的新闻制作和项目运营能力。中心目前制播电视栏目22个，每周生产近百小时电视节目。其中，深圳卫视《深视新闻》栏目，是深圳政经信息权威发布的平台。深圳卫视《直播港澳台》作为国内最具影响力的涉港澳台和涉外涉军电视新闻节目之一，观众遍布海内外。都市频道《第一现场》长期保持本地新闻节目收视率第一，是深圳本土最受欢迎的民生新闻栏目。

全媒体传播、大小屏共赢，除传统电视频道外，融媒体中心还拥有"壹深圳"和"直新闻"两个新媒体客户端，以及一批新媒体矩阵账号，全渠道粉丝 4000 万，日活跃用户 100 万 +。其中"壹深圳"客户端下载用户数 900 万，日活用户 40 万，位列深圳本土新闻类 App 客户端排名第一。

时政新闻中心：主要由原新闻中心、驻香港办事处整合组建而成，负责承制《深视新闻》《直播港澳台》《军情直播间》等卫视新闻版块，是传递深圳官方主流声音、讲好特区改革开放和国家和平发展故事的主力部队。

民生节目中心：整合了原都市频道、公共频道的新闻和节目资源，负责承制《第一现场》《直播深圳》《18 点新闻》《新闻广场》《法观天下》《都市路路通》等栏目，扎根本土、贴近民生、服务市民。

区域新闻中心：负责承制《各区新闻联播》，开展与各区、基层街道社区的宣传政务合作。

新媒体中心：牵头打造集团旗舰客户端"壹深圳"，代为运营有关政府、企业等单位的新媒体事务。

影视剧和节目编排中心：由原影视剧中心改制而来，负责都市频道、公共频道、电视剧频道的电视剧和节目版权购销。

广告运营中心：由原媒体运营管理中心 (广告中心) 改制而来，为客户提供"组合包式"服务，满足客户全方位需求。

一、守正创新，深度融合

2020 年 4 月，国家卫健委高级别专家组组长、中国工程院院士钟南山，就当前国内外新冠肺炎疫情防控热点问题、深圳抗击疫情做法及成效等话题首次接受深圳卫视记者专访。鉴于钟南山院士身份权威、影响力大，加之此次专访内容十分丰富，涉及当下诸多热点问题，团队打破常规，立即组织滚动式报道、全媒体立体式传播。除了在深圳卫视连续推出了4期电视专访，还通过碎片化模式，话题引领的图文、短视频、海报等系列产品在10多家新媒体平台全网推送，刷屏风头一时无二，形成了高曝光度与高讨论量，全网总传播量超过9亿。

在后浪潮起之时，融媒体中心顺应技术迭代和媒介发展，在战略格局转变之际，打破设备、地域和时空的壁垒，以深圳特区成立40周年为内容核心，依托全国第一个独立组网并覆盖全市的5G网络，以及不久前发射成功的"深圳星"高通量卫星信号，从"海陆空天地"5个维度，通过40小时的网络直播，让超过2000万用户在线读懂朝气蓬勃、奋力前行的深圳40年，引发话题阅读量超过4.6亿，通过连接人民日报、央视、今日头条、腾讯等多个平台终端，在原创生产、联动传播上展现出新能量、新能力。

图1 《鹏程万里新》直播现场画面

持正能量是总要求、管得住是硬道理、用得好是真本事，我们在内容生产上一直树立6个坚持，3个转变，围绕中心，服务大局，求新求变，打造政务报道全产品链：电视政务活动＋电视延伸报道＋电视观察评论＋新媒体图文快讯＋新媒体短视频＋新闻海报＋新媒体直播＋H5产品＋打造网络IP。推动主力军全面挺进主战场。

图2 "40小时读懂深圳40年"直播活动

二、贴地飞行，唯快不破

融媒体中心整合了集团原来的9个部门，我们一方面优化资源配置，精简人员和岗位，一次性"瘦身"减员70多人。其中民生节目中心人员精简最多，但与此同时，它也构建了新型采编流程，形成集约高效的内容生产体系和传播链条，优化人才队伍结构，把更多熟悉新媒体的中青年优秀人才充实到关键岗位，充分释放人才活力。形成"自我革命，一人多角"的工作模式。例如，以前，记者或者摄像是"点对点"工作模式，工作内容不交叉。现在，记者也是移动先行的互联网小编；摄像也是短视频拍摄者、剪辑师、制作者。

促成人才跨界转型。从纯粹的新闻信息发布者、广告刊播者，向城市政务服务承办者、行业连接和平台搭建者、品牌和活动方案解决者的角度转变。

与此同时，我们坚定走好全媒体时代的群众路线，坚持以人民为中心的工作导向，坚持贴近群众、服务群众。例如，《第一现场》是全国十佳民生新闻，始终是本土收视第一的老牌电视新闻栏目，然而深度融合就是要强化媒体与受众的连接，以开放平台吸引广大用户参与信息生产传播，我们将资源、技术、力量向移动端倾斜，形成"网、微、端、号、屏"多种载体全面融合的传播矩阵，又打造出具有融媒体特色的品牌节目《现场朋友圈》，先后进行了三次改版，每一次改版都力争做到媒体的深度融合，积极创新节目模式，并在 2018 年度广东省广播影视奖评选中，荣获媒体融合类三等奖。

图 3　《第一现场》演播现场画面

《现场朋友圈》强化"互联网＋理论"思维，加强传播手段和话语方式创新，充分运用移动互联网、大数据、云计算、虚拟等先进技术，分层次、多角度、最大程度地凝聚网络主流民意，让先行示范区理念"飞入寻常百姓家"。最大的亮点就是能够让每个人都参与到新闻节目制作的过程中。独家创新了开放的平台,每天设置互动话题,观众可扫描电视屏幕上的二维码,通过手机微信小程序就能参与话题的实时讨论或投票,并且可以上传留言。通过技术手段,主编会将市民的留言呈现到电视屏幕上,大小屏共振,生产群众更喜爱的内容,建构群众离不开的渠道。

目前全网粉丝量的已经迈向 1000 万大关,每一次传播都是在用新媒体思维为传统媒体、传统内容赋能,化互联网这一"最大变量"为主流舆论的"最大增量",进一步提升《第一现场》这个 IP 的传播力、引导力、影响力、公信力。

三、品效结合,市场服务

融媒体中心联合深圳市文化广电旅游体育局,积极创新旅游宣传模式,连续发起两场以"这就出发!"为主题的全媒体大直播。直播不仅用到了"5G+AR+无人机"等新技术,还创下了开播一小时,场均突破 200 万,累计超过千万的观看纪录。央视频、《人民日报》、百度、抖音和微博等数十家主流媒体及流量媒体的持续关注及转发,标志着深圳市旅游业复苏号角正式吹响。

此次网络直播,团队首次将"科技与旅游"相结合,创新地走出了一条"新闻 + 政务服务商务"运营新模式。团队积极探索新冠肺炎疫情之下宣传推广的新方式,适应政府客户及游客旅游体验的新需求,而做出的深刻思考及转变。经由两场直播,深圳市文体旅游局也将年度的融媒体推广方案交给中心承接。希望中心为其孵化以深圳旅游为主体的一批优质垂类账号，实现主体聚合，移动先行和精准投放。用持续的创意支持和内容生产，产品运营及专业新媒体技术支持，保证项目的专业度和传播性。

变革，一刻未停止。服务政府客户，积极适应市场规则，做到品效结合，是团队在新形势下的新要求。2020 年新冠肺炎疫情突发以来，媒体行业经营创收直面挑战，千方百计稳存量、挖潜力、寻新机、开新局，积极推动广告经营创收工作转型创新。

团队还有一个比较大的突破，拿到了深圳农产品高标准品牌产品——"圳品"的推广。2020 年，深圳被授予"广东省食品安全示范城市"称号，舌尖上的安全关乎老百姓的幸福感，我们以"圳品官"的 IP 为支点，通过线上线下结合，发动广大用户参与"圳品官"的报名和遴选，构建网上网下一体、内宣外宣联动的主流舆论格局，"圳品"的推广是一个循序渐进的过程，除此之外，还有"谈天说地""网安深圳"等系列和政府部门合作的全矩阵产品，中心则创立了一个糅合"市场、品牌、渠道、宣传"的综合式政务服务模式，未来可期。

四、"壹深圳"App：政务服务，自我造血

"壹深圳"客户端是深圳广电集团转型、融合发展的重要战略产品，同时也是传统媒体转型升级的典型代表。上线以来，"壹深圳"凭借深圳广电集团丰富的内容资源，融合时下最新的新闻资讯展示形式，以权威、迅捷、生动的新闻服务和引领潮流的互动体验赢得广大网友的青睐。"壹深圳"累计下载用户达 1200 万，日活跃用户

超50万+，2019年更是荣膺"年度广电优秀新媒体客户端"的称号。

图4 获奖奖杯

抢抓2020年"云上"、线上业务激增时机，"壹深圳"推进媒体深度融合取得新突破，全网传播力、影响力显著提升，承担了2020年深圳市政府新闻发布会视频直播工作。从"科学防疫"到"开学指南"，从"防控境外新冠肺炎疫情"到"依法战疫"，全方位保障了深圳新冠肺炎疫情期间的安全运转，以及对外宣传。

新冠肺炎疫情期间，"壹深圳"推出"深圳惠企惠民抗疫政策地图"H5平台。该平台涵盖政策地图、实时播报、园区行动、租金减免、防疫措施等多个板块，汇聚国家各部委、广东省、深圳市、各区政府部门发布的300多个政策、资讯，通过深圳地图形式，向深圳企业和市民直观展示，深圳各区最新复产复工及园区相关政策。今年"壹深圳"开放市场化合作运营的行业专业频道，目前已开设海洋、地产、汽车、非遗教育等专业频道。

广东省深圳市广播电影电视集团融媒体中心

让媒体在变革中融合

　　温州是一座因改革而兴的城市，温州的发展得益于敢为人先、改革创新。让媒体在变革中融合，是温州市广播电视台的努力与追求。温州市广播电视台（以下简称温州台）现有职工 1200 多人，副高以上职称 121 人。事业板块拥有 5 个广播频率、4 个电视频道、广电报、东海网、移动电视、轨道交通电视、"快点温州"App、"温州人"App 等 15 个宣传平台，广播电视信号覆盖浙南闽北 1200 多万人口。企业板块设有 15 个公司，业务涵盖影视生产、传媒文化、会展服务、少儿培训等领域。

　　面对受众流失、广告流失、人才流失的严峻形势，温州台紧紧围绕中央关于媒体融合的决定和要求，始终坚持党管媒体，坚持正确舆论导向，"一把手"亲自挂帅，立足自身特点、发展状况，遵循一体化发展方向，推进大力度系统性改革，制定了一些新秩序、新规则。没有针脚的修修补补，而是顶层设计的反复推演，着力寻求城市台实现融合的可行路径，从而在寒冬中实现扭亏为盈、逆势上扬，传播力、影响力、竞争力显著提升，局面焕然一新。

一、破立并举：全面推进媒体结构存量改革

　　融合改革的难点也是突破点，在于媒体结构的重组与融合机制

的运行。在新业态下，要把自己的资源整合到极致，必须是从 10 到 1，而不是从 0 到 1，这就需要拿出壮士断腕的决心，进行"新闻去低效"的改革，这是一场刀刃向内的自我革命。2018 年 1 月，温州台制定实施《关于深化媒体融合改革方案》，称之为"整合版"方案，全面启动广播电视存量整合。

一是整合时政新闻资源。成立全媒体新闻中心，探索采编流程再造，坚持三个"常态化"：推行"台领导 + 中心主任 + 主编 + 责编"的大编辑部制，实现内容策划实施和流程把控的常态化；坚持移动客户端首发、广播电视深发原则，实现移动优先的常态化；强化移动剪辑、审核等流程，实现移动直播的常态化。同时组建以编辑加若干个记者组成的采访团队，规定每次采访报道前方记者与后方编辑的互动不少于 2 次等要求，尽量为全媒体报道提供翔实的基础素材。

二是改广播频率制为中心制。整合 5 个广播频率，成立广播中心，统一运营，效益较之前增长 30% 以上。

三是将广播对农频率和电视公共频道定位为播出平台。原则上不再自制节目，精简调整 55 人，大幅降低运作成本。

四是将健康养生等六类电视节目进行制播分离。六类节目面向全台挂牌招才，这些上年度亏损 300 多万元的行业性栏目带来净利润 200 万元。

五是在电视都市生活频道实施综合改革试点。该频道扭转连年亏损局面，提前两个月完成全年创收任务，同期支出下降 36%。

六是对全台节目实施"ABC 分档管理"。淘汰调整了 60 多档"低、小、散"栏目，将优势资源向品牌节目倾斜，强化价值引领和内容创新，积极打造现象级品牌节目和活动。

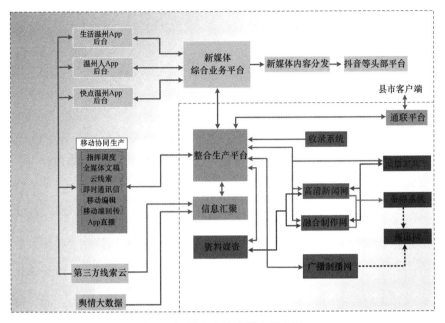

图 1　温州广电整合融合示意图

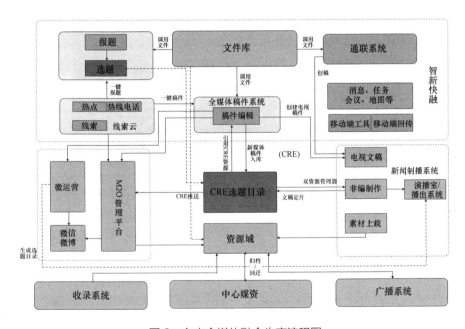

图 2　台内全媒体融合生产流程图

二、重点突破：全面深化媒体融合增量改革

在存量改革的基础上，温州台于 2019 年 8 月制定了《关于全面深化媒体融合发展的指导意见》，称之为"深融版"方案，做大做强互联网的增量，让这个"最大变量"成为"最大正能量"。

一是突出移动优先。全力构建"1+3+X"全媒体传播体系，"1"是迭代融媒体指挥中心；"3"是构建"快点温州""温州人""生活温州"3 个新闻客户端，多向度打造自主可控的互联网平台；"X"则是指构建系列新媒体矩阵，包括入驻各头部媒体平台、微博、微信、抖音、快手等。其中，"温州人"App 是一个以区域人群命名的新媒体，以个性化"圈子层"的交互为核心，汇聚温州人资源，服务世界温州人。

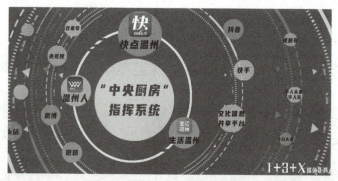

图 3　温州广电"1+3+X"传播矩阵

二是突出技术引领。打通广播电视技术部门，合并三个发射台，实行远程智能控制与人工值守相结合，设立新媒体技术部和技术运营公司，推进技术机制、人员、设备、机构转型。投入 6000 多万元打造融合生产平台，聚集了先进的混合云架构和虚拟化技术，落地浙江省首个媒体 5G 基站，挂牌运行"5G 民情采访车"工作室，成立"移动 5G 融媒体 + 应用实验室"，打造"5G 未来城"，开播

5G 智慧电台，深化广播电视和互联网新技术的深度融合。

图 4　移动 5G 融媒体 + 应用实验室 AI 虚拟主播

图 5　5G 全景温州新闻联播项目探索地理定位沉浸式新闻推送

三是突出品牌建设。温州台已持续三年推进"一频道一品牌"建设，形成内容、活动、产业的融合联动。各宣传平台举办承办活动，核心是以品牌节目和活动拓展媒体产业。同时探索工作室制度，为精英团队提供发展平台。如经济科教频道"温州人品牌"工作室为助推复工复产，联动温州市投资促进局等单位，成功策划执行多场"云招商"新媒体直播推介会，累计吸引120多万网友和投资商在线参与互动，促成19个亿元产业项目实现线上签约，总投资额 335 亿元，引发各界广泛关注和央视等全国媒体的聚焦报道。

四是突出全员转型。近年来，温州台分步实施，通过学习、培训和机制激励等多种举措，加快推进现有人员向全媒记者、全媒编辑、全媒管理人才转型。采编人员既是广电节目的采编，又都是新媒体的"小编"，形成了新媒体"首发""快发""优发""连发""转发"的"五发"机制，实现大小屏联动互补。全台制定实施短视频标准化生产方案，以短视频生产加速推动全员转型，抢占媒体融合主战场。

五是突出一体化发展。推动新闻采编一体化，以流程再造加强内容生产把关和导向管理；推进技术支撑一体化，打造智能广电共享平台；推动主业产业一体化，进一步优化经营结构；推进机制体制一体化，深化薪酬制度、人事制度和机构改革；推进重大风险防范一体化，统筹发展与安全，防范和化解风险。

三、统筹深化：系统推进系列配套改革

温州台以"融为一体、合而为一"为目标，同步统筹推进广告经营体制、薪酬制度、人事制度、后勤服务社会化等系列改革，推动内容、渠道、平台、经营、管理等方面的深度融合。

一是推进广告经营体制改革。把广告部门从频率频道剥离，组建温州广电全媒体广告有限公司，同时探索行业垂直开发、全媒体广告代理等模式。公司与宣传口单位建立混合制经营结构模式，重点加强对政府部门的服务和资源对接、广电内容制作的输出、活动策划、展会组织等。集团公司则重点加强少儿、教育等 10 多个产业

项目的拓展。

二是推进薪酬制度改革。积极实施身份薪酬管理向岗位薪酬管理转变，实现岗位工资和档案工资分离；员工薪酬实行双轨制，以岗位绩效工资为主，重点向业务一线、重点岗位和突出贡献的人员倾斜，实现业绩、利润与薪酬奖励挂钩；推出节目项目化和活动项目化，建立节目质量和活动成效评估考核体系；考核方式由原来的收入为主调整为利润指标和经营指标双重考核，突出绩效导向。

三是推进人事制度改革。建立"百名优秀年轻干部"和"百名优秀业务骨干"的"双百队伍"；积极探索身份晋升"双轨制"，拓宽职工晋升通道；筹建"广电学院"，促进教育培训常态化；注重向新媒体、新技术、新产业岗位布局，注重事业板块和企业板块人员的良性互动。

四是推进后勤服务化改革。改造职工食堂，引入社会力量办食堂，提升服务质量；建成立体车库，缓解职工"停车难"问题；推出车管家项目，有序疏导车辆进出；引入代洗衣服等服务，方便职工生活。

四、精彩蝶变：推动全台局面焕然一新

全台通过近年来的融合改革，实现各项事业发展的精彩蝶变，提升了社会效益和经济效益，局面焕然一新。2018 年温州台经营创收同比增长 20.98%，实现五年来首次增长，2019 年继续逆势上扬，经营收入增长 21%。2020 年在新冠肺炎疫情严重影响的情况下，经营收入仍保持正增长。在业界有影响的网联数科（原尼尔森）收视调查报告中，温州台进入"2020 年最有影响力城市台 TOP10 榜

单"，温州新闻综合频道上榜"2020年收视长虹频道"。

全媒体传播格局有力引领主流舆论。"快点温州"App强化重大主题、突发事件报道，已成为温州市委市政府指定的政务信息权威发布平台，用户量突破80万。在互联网"云"端，形成了76个新媒体矩阵。近一年来，仅"快点温州"App就打造了14条千万级、60条百万级、800条破万等全网点击爆款内容。2020年，温州台制作推出的《瑞安一对农夫田间地头跳舞》短视频，经该台自有客户端"快点温州"以及与其合作的快手、抖音等头部平台的推送，实现了裂变式的传播，点击量超8500万，点赞240多万，刷新了温州单条视频点击率纪录，从一个侧面生动展现了温州新时代新农村的小康幸福生活。精心打造的6集系列纪实片《战疫》国内外受众超1600万。"对话局长"媒体问政活动、"六比竞赛""改革深观察"等一批活动与节目，全网观看人数屡破百万。一年来温州台策划推出80多个专题专栏120多组4万多条重大主题报道，新媒体总点击量超10亿。

持续推进的融合改革，巩固扩大了主流价值影响力版图，让党的声音传得更开、传得更广、传得更深入，同时给全台员工收入带来稳中有升，久违的媒体存在感开始逐步回归。

未来已来，唯变不变。媒体正经历"业态大变革"，温州台深入贯彻落实《关于加快推进媒体深度融合发展的意见》，进一步接续改革，补短板强弱项，优化提升全媒体传播结构，创新管理机制，完善服务功能，打造传统媒体与新媒体协同发展格局，努力为城市台媒体融合探索温州方案。

浙江省温州市广播电视台

五化共融：构建全媒体发展生态

2020 年 12 月，国家广电总局公布全国广播电视媒体融合"先导单位""典型案例""成长项目"评选结果，济南广播电视台及"鹊华MCN 城市 IP 孵化项目"从全国 280 家单位申报的 339 个项目中脱颖而出，获评全国广电媒体融合"先导单位"和"成长项目"。

济南广播电视台深入贯彻落实中央关于推进媒体融合发展的部署要求，围绕中心、服务大局，以"城市品牌塑造师"为定位，以融合创新为动力，着力在渠道、平台、内容、技术、体制机制方面大胆改革、深入试点，通过渠道全媒化、平台智能化、内容精品化、产业生态化、推进一体化"五化共融"，打造"四全媒体"、构筑"四力高地"，建设"放心广电""智慧广电""实力广电"。

斩获"金长城传媒奖"五项大奖，获评"中国十大影响力城市台"；入围"中国新闻网站综合传播力榜移动端二十强"，成为唯一上榜的地方广电媒体；济南电视台跻身"中国电视满意度博雅榜三甲"；济南新闻综合广播跻身"全国广播收听市场风云榜五强"；音乐广播全国广播荣登"收听市场风云榜榜首"；台属"鹊华 MCN"跻身全国广电十佳，成为全国唯一同时登上抖音、快手两大平台榜单的城市广电 MCN 机构；"天下泉城"客户端荣膺全国广电十佳融合创新客户端；"叮咚 FM"荣获年度全国主流媒体新锐十佳客户端。

中宣部四次重点介绍济南广电媒体融合发展。国家广电总局两次专题调研并给予充分肯定。中央文明办、国家广电总局，《人民日报》、新华社、《光明日报》《经济日报》、央视，人民日报《新闻战线》、中宣部主管《传媒》杂志、司法部主管《人民调解》，中国新媒体发展年会、中国传媒年会、中国广电融媒体中心改革大会、全国县级融媒体中心建设专题会议、中国传媒大会等重点关注和推介济南广电经验做法。

图 1 济南广播电视台建成济南智慧全媒体中心（鹊华云）

一、渠道全媒化，强化移动优先，传播能力大提升

打造全国广电系统门类最全的全媒体传播矩阵：济南网，天下泉城、无线济南、叮咚 FM、鹊华视频、鲁中手机台五大客户端，广播 8 个频率（实现可视化）、电视 9 个频道，5500 台公交电视、30 块城市大屏、1100 台楼宇电视、8500 块出租车屏、1885 台地铁电视，城市画报、公益广告，运营中宣部"学习强国"济南平台、

泉城党建、泉城蓝、济南政协、温暖人社等市直部门（县区）融媒体，链接央视、央广、微信、微博、今日头条、抖音、快手等第三方平台。在全国城市台率先联合头部 MCN 公司打造 IP 孵化运营机构——鹊华 MCN，旗下账号 183 个，粉丝量 2000 万。携手全国50 家移动电视机构打造国内最大的户外媒体平台和短视频数字媒体平台，构建无处不有、无时不在、无人不用、无所不及的传播格局。

二、平台智能化，强化开放共享，服务能力大提升

探索发展新模式，与中科院计算所成立中科广电智能技术研究院，与中国传媒大学共建协同创新中心，与美国密苏里新闻学院共建未来媒体研究院，与联通、华为共建 5G 新媒体港。

建成济南智慧全媒体中心（鹊华云），形成全媒体指挥调度、汇聚生产、智能发布、大数据舆情分析、智媒研究院、MCN 运营和中国（济南）新媒体产业园于一体的"6+1"智媒生态圈。新冠肺炎疫情期间，在全国率先提出"宣传就是战斗"，系统的战斗力、影响力得到充分检验。大型融媒体直播《济南战"疫"》打通原有节目，从策划到上线，不足 50 小时。每期时长 100 分钟，连续 42 期，全网播放突破 4 亿。连续推出沿黄九省区共同战"疫"诗歌征集等十余个大型宣传服务项目。中宣部《宣传工作》、新华社《山东要情动态》分别以《济南广电发挥全媒体做好抗疫宣传引导》《应对大考的舆论担当》为题重点介绍济南广电全媒体战"疫"。省委书记刘家义，省委常委、市委书记孙立成批示肯定。

创新打造全国首个市民文明行为激励回馈平台（精神文明建设智慧管理平台），并上升为全市精神文明建设总平台，赋能创城"四连冠"。中宣部、中央文明办主办"全国创建文明城市工作培训班"将其列为重点教学项目。《人民日报》、新华社、《光明日报》、《经济日报》、中央电视台重点报道。市委副书记、市长孙述涛，市委副书记边祥慧调研给予肯定。

三、内容精品化，强化融合生产，宣传能力大提升

打造城市形象片《大河之畔》《泉城夜宴》《崛起》等精品力作在全国平台重磅推出；推出原创 MV《众志成城的力量》在中宣部《学习强国》推广。纪录片《悠然见南山》、消息《小橱窗里有"乾坤"》、系列纪录片《四十城四十年》、公益广告《保国家平安　做人民英雄》分获全国纪录片行业最高奖、中国新闻奖、中国广播电视大奖、全国广电公益广告电视类优秀作品。一大批作品荣获国家级权威奖项。

联合央视开展"不可错过的济南"城市形象全网直播，播放量突破 1.2 亿。联合抖音发起"我的战'疫'生活"短视频征集，播放量突破 4.5 亿。联合腾讯实施"网红济南"城市品牌推广计划，播放量突破 1.4 亿，获评全国"新文娱新消费"年度创新案例。率先在省内实现"5G+4K"直播，利用 4K 超高清转播车携手央视转播世界军运会等国际赛事，被央视确定为东京奥运会转播五大合作伙伴之一。组建"天下泉城"合唱团，斩获中国合唱节金奖和中国国际合唱节金奖，多次受邀亮相央视大型晚会。

图2　4K超高清转播车

创新打造问政、商量、有话好好说、榜样、警民共建、赢商等"解困式"宣传服务平台，上线全国首个融媒体"掌上问政"平台，成立榜样公益联盟。全国政协主席汪洋调阅5期《商量》并批示肯定，《人民日报》刊文重点介绍，司法部、全国调解委在济南举行座谈会，推广济南电视调解经验。

承办由全国妇联、国家发改委、商务部、人社部、山东省政府共同主办"全国巾帼家政服务职业风采大赛"颁奖展示活动。全国人大常委会副委员长、全国妇联主席沈跃跃，省委书记刘家义，全国妇联党组书记、副主席黄晓薇和王书坚、刘强、于晓明、孙述涛、殷鲁谦等领导亲临济南广电出席活动并给予高度评价："活动站位高、选题准、形式新，节目原创性、感染力强。"

四、产业生态化，强化优势带动，反哺能力大提升

坚持做大事业、做强产业，斩获"国家一级广告企业"资质，大力发展"一老、一少、一婚、一教"产业及会展、研学、文旅、技术服务等项目。

以内容为核心，突出品牌打造，构建线上线下、大屏小屏、内容电商互联的产业生态。市场化打造"声动泉城"名家名篇诗文咏诵会和"泉声曲韵"京剧名家名段演唱会，揽获山东省会大剧院票房冠军。打造"中国鹊华论坛""鹊华读书会""鹊华云""鹊华MCN""鹊华严选"系列品牌，链接内容产品、技术服务、IP孵化运营等；与山东大学、中国李清照辛弃疾学会合作成立济南二安研究院，打造"二安"IP及文创产业链。

在中国山东自贸区核心区建设近7万平方米的济南（广电）媒体港，建成中国（济南）新媒体产业园，推进省市共建短视频双创基地，包括文明行为大数据中心、短视频双创基地孵化中心、城市文明新媒体内容制作播出中心、文明行为实践活动中心、现代影像大数据中心、新媒体人才实训中心等，形成新媒体产业聚集孵化空间，并以第一名入选山东省数字经济示范园区。建立济南电商直播基地，牵头成立山东城市广电新媒体联盟，联合头部新媒体公司深圳蜂群打造网红学院，上线"广电商城"，开展助农、助企、助商等电商直播百余场，发力"新媒体之都"和直播电商总部基地建设。

图3 济南（广电）媒体港

牵头制定实施《济南市 5G+ 超高清视频产业创新发展行动计划》，大力推进超高清视频产业发展。

五、推进一体化，强化制度创新，内生动力大提升

推行"频道 + 公司"和工作室、事业部等新机制，实现项目化管理、市场化运作、全成本核算，推进全台业务资源整合，实现人才、资源、技术等互融，增强发展内生动力。

在全国城市台率先出台实施"台长嘉奖令"（单项可最高奖励 50 万元）。自 2019 年 6 月以来，共表彰 8 批 146 个"出彩、出新"项目和个人。结合"出彩广电人"评选表彰，进行及时性奖励、精准化投放、配套化实施，有效激励干事创业。一次性争取 30 个事业编制面向社会公开招聘优秀人才，出台实施《急需紧缺人才引进管理办法》和"人才回流计划"，打破身份界限，选拔专业能力突出的年轻同志作为部门业务总监，为高质量发展提供坚强人才支撑。

济南广播电视台将深入学习贯彻中央《关于加快推进媒体深度融合发展的意见》，坚持导向为本、内容为王、技术为先、改革为重、人才为要、服务为基、党建为魂，努力打造集新闻宣传、社会服务和文化产业于一体的新型主流媒体和区域性一流品牌。

山东省济南广播电视台

触电传媒：做大做强网络平台，推动媒体深度融合

自 2013 年 8 月习近平总书记在全国宣传思想工作会议上指出，要加快传统媒体和新兴媒体融合发展。媒体融合战略发展已有 7 年，中央和各地方广电媒体纷纷部署转型，涌现出一批具有成功实践经验的示范引领单位或项目。

2020 年 12 月，国家广播电视总局公布了 2020 年度全国广播电视媒体融合"先导单位""典型案例""成长项目"评选结果，广东广播电视台触电传媒被评为"2020 年全国广播电视媒体融合先导单位"。触电传媒构建以"触电新闻"客户端为核心的融媒新生态，形成了完整的融媒产品体系，逐步形成了"媒体 + 产业"的发展模式。"触电新闻"客户端以"湾区资讯服务第一端"为定位，目前累计下载量 9020 万；"粤听"主要服务粤语人群，下载量 1645 万。

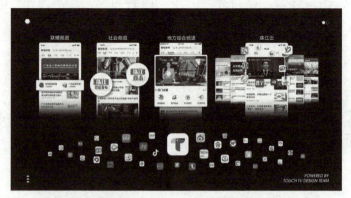

图 1　触电传媒联合各方资源，打通各级内容生产链条

经过多年探索，触电传媒在传统媒体中率先建立起完备的互联网人才队伍，做大做强网络平台，推动媒体深度融合。

一、推进内容生产供给侧结构性改革

2016 年 12 月 30 日，"触电新闻"App 正式上线，融媒赋能、智能传播、海量资讯、精准推送。触电新闻率先在全国同行中启用自媒体号汇聚内容，开通专业自媒体号"触电号"，将采编权、首发权交给广东台及其他合作媒体的记者编辑，从而带动传统媒体记者转型全媒体记者，实现海量专业内容的快速汇聚。目前，仅广东台内就有 385 个"触电号"，每天为"触电新闻"提供超过 1500 个短视频、直播或图文内容。

图 2 "触电号"App

2020 年 4 月，广东台成立"广东广电融媒体中心"，触电传媒与台共建新媒体内容事业群，联动做好新媒体内容生产规划，推动各频道频率组建新媒体内容生产团队，打造垂类内容事业部，协同发展。与文体广播、影视频道、珠江经济台等台内媒体号达成约稿协议，由"触电新闻"版面提出需求，媒体号负责生产内容，供需结合。电视新闻中心培育了 11 个融媒体工作室，触电传媒又与工作室建立"多对多"对接模式，优先展现和推荐各个工作室内容。

图 3　融媒体工作室

在 2020 年的战"疫"报道中，"触电新闻"充分凸显媒体深度融合优势，与台内频道及全省各县级融媒体中心一体化作战、全方位联动、跨屏传递高质量权威信息，发布了超万条原创权威内容；"粤听移动应急电台"24 小时滚动播报新冠肺炎疫情的最新消息、政府公告、服务信息及科普知识。第一时间将重要信息精准推送给用户，并在全网进行分发，全网点击量超 86 亿，其中上亿的有 8 条，在疫情阻击战中发挥了凝心聚力的作用。触电传媒各项疫情防控工作受上级表扬 36 次，其中总局表扬 15 次。

全国两会期间，"触电新闻"联合广东台各频道、频率、部门以及珠海台、中山台、湛江台、阳江台、汕头台、开平台等多家电视台及县级融媒体中心，共同推出大型融媒直播节目《只争朝夕 看广东 24 小时》，走出一条融媒体时代的创新传播路径，全网观看量达7000 万，获中宣部和国家广电总局表扬。

图 4 触电新闻形成全媒体传播矩阵

第一届职业技能大赛期间，"触电新闻"承担了统筹做好媒体管理、采访报道服务、通稿撰写发布、网络直播、新媒体产品的生产推送、舆情监测和处置等工作，为全国各地参与大赛的媒体人员提供了良好服务。大赛报道在"触电新闻"等 57 个媒体平台发布，全网总观看量达 27.7 亿。

图 5 "第一届职业技能大赛"宣传海报

二、形成全媒体传播矩阵，占领新兴传播阵地

"广东台－触电新闻"矩阵号以广东台原创内容为主，紧跟全网热点，集权威发布、重点原创为一体，深耕舆论监督、社会民生内

容，以接地气的风格打造有态度的新闻。

2020 年，触电传媒联合网络台及台内部门开辟广东台在网络端的新阵地，在全台范围内推行先网后台、一次采集，多元生产、全媒分发的生产流程。目前，触电传媒在学习强国、央视频、《人民日报》、新华社、腾讯、今日头条、微博、微信、抖音等 10 个平台开设"广东台 – 触电新闻"号。2020 年，"广东台 – 触电新闻"矩阵号共发布相关内容 3.6 万条次，全网点击量超 110 亿。其中，超千万点击量的爆款内容超过 200 条，共登上全国热搜榜 19 次，同城热搜 110 次，已实现微博热搜常态化。全年生产原创短视频 7310 条，还生产了大量 H5 互动产品、动画、主题长图、海报，策划执行网络直播 559 场。

图 6　触电传媒以先进技术为引领，推动融合发展

三、以先进技术为引领，推动融合发展

移动互联网的发展，技术是基础。而广电媒体做新媒体，互联网技术是短板。触电传媒经过 4 年的探索，借助自主研发的核心技术优势，运用互联网、大数据、云计算和人工智能技术，形成了完整的融媒产品与服务体系，实现了主流媒体的全媒体传播转型。

目前，触电传媒拥有全套自主研发的融媒体技术与产品，包括触电新闻系列产品、触电大数据系统、广电舆情监控系统、宣传监管系统、数字化营销系统等，自主研发了广东县级融媒体"珠江云"省级技术平台，获得超过 200 项知识产权，被评为国家高新技术企业，其中"触电新闻广电新媒体融合示范平台建设"入选广州"中国制造 2025"产业发展基金扶持名单，"触电新闻"客户端入选中国应用新闻传播 10 大创新案例。

随着县级融媒体中心的不断发展，触电传媒为各县级融媒体中心提供了媒体服务、党建服务、政务服务、公共服务、增值服务等业务，以及支持业务开展的云端服务，形成各级媒体"兵合一处、将打一家"的局面。同时，协助宣传管理部门对各融媒中心进行有效监管，真正实现了通过自主技术将网络意识形态管理权、平台用户数据及生存发展权牢牢掌握在主流媒体手中。

四、充分发挥市场机制作用

为提高效率，更好参与市场竞争，2016 年广东广播电视台党委决定"触电新闻"项目实行公司化运作。为补齐传统媒体做新媒体的短板，触电传媒公司招募了一批优秀互联网人才。目前，触电团队有 310 多人，涵盖技术、大数据、产品运营、经营等方面人才，95% 以上都是通过市场化形式进行公开招聘或从知名互联网公司高薪挖角，如：腾讯、爱立信、网易、新浪、酷狗、UC 头条等。其中公司高薪挖角的技术总监，已经作为广东省紧缺全职人才引进。触电团队成员先后获得"中宣部宣传思想青年文化英才""广东省紧缺全职人才""广东省青年文化英才""广东省新闻金梭奖"等荣誉称号。

图7 触电传媒公司引进优秀互联网人才

进一步解决电视台各部门、下属公司分散签订协议和授权的问题，触电传媒通过谈判、法律等手段杜绝外部机构冒用台名义进行经营的行为，按照统一谈判、统一签约、统一结算、统一播控的原则，推进与优酷、咪咕、腾讯、华为、今日头条等互联网头部平台的协议合作，扩大版权的辐射面和影响力，实现版权价值的最大化。

基于触电传媒大数据及行业领先的算法技术，顺应互联网广告的市场趋势，强化以客户为导向的市场意识，加快研发和优化广告形式，创新营销玩法，挖掘"触电新闻"的流量资源，为客户提供品效合一的一站式营销解决方案，同时提升广告销售策略，在发展广告直营业务的同时，积极开拓新的合作客户，不断发展广告代理业务。

图8 触电传媒不断发展广告代理业务

利用各新媒体平台的流量扶持和商业化政策，以商业变现为目标，充分发挥广东台内容和主持人、艺人等资源优势，打造头部"媒体号""达人号""县融号"等 IP 矩阵，与台的广告经营、广电文旅、媒体零售和教育培训等经营公司联动，并与互联网头部电商平台、广告平台合作，通过电商带货、广告经营等方式实现商业化变现。

触电传媒公司与广东网络广播电视台签订协议组成联合经营体，实现公司与电视台资源的有效组合与合理调配，在 2020 年 7 月完成了首轮融资，并通过兼并"粤听"项目组和收购南广公司，做大做强以新媒体内容、技术和广告等业务为主的移动新媒体产业。

图 9　触电传媒公司与广东网络广播电视台签订协议组成联合经营体

广东触电传媒科技有限公司

突出主业　梯次推进　建设生态

一、基本情况

海看网络科技（山东）股份有限公司（以下简称"海看"或"海看股份"）是一家由传统广电转型的"互联网科研＋视听新媒体运营"机构，诞生于传统广电、发展于互联网大潮。公司成立于 2010 年 11 月，是山东广播电视台根据国家三网融合、媒体融合等相关政策成立的，是全国广电新媒体产业的第一批开拓者。

成立十年来，"海看"从一个四五十人的传统采编部门、连年亏损的"困难户"逐渐发展成为广播电视媒体融合先导单位、中国互联网企业 100 强、国家级高新技术企业、山东省文化企业 30 强、山东省重点文化企业、山东省瞪羚企业、济南总部经济企业，收入、利润连年突破性增长。

"海看"积极打造技术、内容、产业三大平台，以"跨域、跨屏、跨界"的市场战略、"科技创新、应用为先"的科技战略、"围绕主业、培育生态"的资本战略、"输血、造血、换血"的人才战略为支撑，按照"突出主业、梯次推进、建设生态"的发展思路，形成"海看 IPTV""海看智慧广电""海看文体""海看精品""海看科创""海看投资"六大产业板块布局。

图 1 "海看股份"形象图

二、主要创新做法与实践

"海看"一直以来坚守主流阵地，自觉承担起"举旗帜、聚民心、育新人、兴文化、展形象"的历史使命，借助互联网、科技手段，推动科技与传统广电融合发展新路径。

（一）主营业务 IPTV 规范对接、规范发展，坚守主流媒体阵地不动摇

按照国家三网融合的政策要求，"海看"2012 年建设了省级 IPTV 集成播控分平台，进行了总分平台对接，2018 年完成总分平台在三家运营商的规范对接和商务合作。目前"海看 IPTV"用户达到千万量级，点播内容超 50 万小时，200+ 路直播频道，30+ 路高清直播频道。"海看 IPTV"坚持"四不、两优先"原则，即主题主线宣传优先推荐、健康向上节目优先于一般内容，不跟风炒作、不做标题党、不过度娱乐化、不触碰敏感事件，重点建设首页、首屏、首条工程，加大主流舆论宣传，开展各类政务服务，开播以来未发生过

重大安全播出事故。

图 2　主营业务"海看 IPTV"

（二）率先在全国面向市县广电提供融媒服务，助力智慧广电建设

"海看"是国内基层广播电视媒体融合服务的先行者。早在 2014 年，就围绕市县广电的媒体融合进行布局，独立设计、自主研发的"移动互联网＋智媒体综合服务云平台——轻快云平台"，服务全国 26 个省份的 200 余家地方广播电视台、近千家党政单位。"轻快"项目团队参与了全国融媒体中心标准编制工作，先后获得国家广电总局、国家发改委、工信部等多项全国移动新媒体融合创新大奖，并被列为"中央文化产业重点扶持项目"，切实为全国各地广电媒体融合发展、转型升级提供了创新路径。2020 年，"轻快云"平台联合县市基层广电开展"海看助农服务"，利用"海看直播""视频专区"等，帮助农民促销土特产品，助农、扶贫、脱贫。

（三）"海看"打造开放型内容生态，加强内容审核，坚持内容创新，以内容驱动产业化运营

"海看 IPTV"确定"1+1+1+X"的合作发展模式，把总分平台、

运营商、CP方联合起来，与20余家内容机构进行了合作，平台点播内容超过50万小时，有效实现了各方在IPTV产业链中互利共赢、长远发展。国家广电总局327会议，将IPTV定义为广播电视在新媒体领域的重要延伸，是重要的宣传思想文化平台，对IPTV内容安全提出了更高的要求，"海看"一方面加强技术研发，推出"海看智能审核平台"，提高内容审核效率和准确性，另一方面引入外部专业审核团队，加大人工审核力度，"人工审核＋智能审核"组成双保险，确保"海看IPTV"内容播出安全。"海看"以"中医说""爱宠说""健身说""园艺说""农技说""国学说"等"海看六说"为突破点，发展原创自制IP内容，覆盖多终端、大小屏、长短视频、横竖视频，以内容为基础，实现产业化运营。聚焦爱宠人群的"海看爱宠项目"，汇集《爱宠说》栏目、爱宠短视频MCN、网络远程问诊、网络直播、网上商城等，是以内容驱动产业化运营的新尝试。发力短视频，使用"海看"自有资源、激活本台沉默资源、整合地市台合作资源、发动社会原创，打造"海看云视谷短视频MCN"。

（四）不断探索创新业务，布局泛广电、泛文化类产业，实现多元经营

"医顺通"是"海看"推出的电视大屏智慧就医全程陪诊服务平台，基于大数据、云计算，为用户提供从健康咨询、专业就医到康复保健等一体化智慧健康服务。签约北京、上海、山东、辽宁等地20家医院、3000余名知名医学专家、院士、国医大师，在山东、上海、甘肃、宁夏、四川多地IPTV渠道以及风行、创维等互联网电视端上线运行，总覆盖全国用户近1500万。新冠肺炎疫情期间"医顺

通"联合微医互联网总医院开展免费义诊,组织全国 4 万多名专家医生为广大百姓提供 24 小时的免费义诊服务,累计提供 150 万例咨询。"海看 EPG 大数据"上线 8 个省、覆盖近 5000 万用户,提供及时预告节目单与精准回看节目单,为广播电视系统提高用户体验,激活存量媒资运营,提供数据支撑。"海看体育"采用"政府资源 + 公共文化体育服务 + 产业运营"的模式,实施覆盖全省的 2B/2G/2C 多种服务业态,是依照"互联网 + 媒体 + 体育"新发展模式共同打造的智慧体育公共服务平台,打造自有体育赛事 IP,探索体育教育产业,通过智创、智联、智享、智惠四个维度实现体育惠民、产业赋能,破解老百姓健身难题,实现山东体育产业线上服务集合,为山东数字体育建设、为山东体育产业新旧动能转换提供新动力。"海看文化"利用"文化 + 科技 + 互联网"的平台思维和大数据思维,创新研发具有互联网基因的"新型文化超市 OAO 双店一体化智能运营系统",实现传统文化企业的新旧动能转化,推动整个文化产业的供给侧改革和转型升级,使文化惠民常态化并真正实现长效机制。助力山东省文化消费增长、文化产业发展,累计拉动文化消费超 10 亿元,作为山东样板在全国推广。

三、转型发展、创新探索

传统广电企业在转型升级、拥抱互联网过程中普遍会遇到两大难题——技术难题、资本难题,"海看"也不例外。"海看"通过坚持"科技创新、应用为先"的科技战略、"围绕主业、培育生态"的资本战略走出了一条技术自强、资本助力的发展道路。

（一）重视科技创新，实现技术自强

公司近年来平均研发费用投入强度为 4.11%，远超同行业平均研发投入水平。公司始终重视技术队伍的培养与储备，目前拥有技术研发人员 110 余名，数量占职工总数超过 40%，且大多数技术人员具有多年相关行业从业经历，具备丰富的产品设计及研发经验。公司近年来自建了"海看大数据平台"，自主研发了"海看用户中心""海看智能搜索引擎""媒资管理分发平台""海看智能审核平台""章鱼 TV"等，累计获得商标 312 项、软著 97 项、专利 7 项、著作权 18 项，国家级、省级项目 27 项，省级以上科技奖励 4 项。被评为国家高新技术企业，被国家广电总局认定为"新媒体融合创新研究实验室"，与山东省计算中心联合成立"互联网医疗大数据和人工智能联合实验室"，与华东师范大学成立产学研联合的"海看大数据 AI 智能实验室"。海看团队获评泰山产业领军人才、泉城产业领军人才等省市最高人才荣誉。

（二）借助资本力量加快发展，加速广电转型

广电新媒体行业在发展过程中一直存在资本缺项，单纯依靠自身业务难以实现几何式跨越发展，广电转型时不我待。随着近年来"海看股份"各项业务长足进展、收入利润连年增长，"海看"积极布局资本市场。2018 年 4 月，公司完成增资扩股，引入战略投资者。目前正积极接受券商、会计师、律所等中介机构辅导，全力推动 IPO 筹备工作，以资本运营为桥梁实现更好更快发展，打造极具市场价值和传播力、公信力、影响力的新型互联网媒体集团，力争两年内在国内主板上市。同时，坚持"围绕主业、培育生态"的资

本运营原则，加强市场调研。寻求对外合作，对具有市场前景、盈利能力和商业价值的新产品、新技术、新业态进行投资参股、资本并购，以资金、资源和人才加速投资企业发展，拓展产业链条，扩大生态边界，"海看"目前的主要投资方向主要有 TMT、大健康、文旅、体育、教育、新消费等领域。

"海看股份"定位于"互联网＋科技＋广电＋文化"，脱胎于传统媒体的"海看"，广电属性、文化属性是公司的底色。一直以来，"海看"坚守主流阵地，自觉承担起"举旗帜、聚民心、育新人、兴文化、展形象"的历史使命。在此基础上，以人工智能、大数据等互联网、科技手段，探索科技与传统广电转型升级发展新路径。

近年来，在各级领导的关心支持下，"海看股份"各项业务取得长足进展，收入利润连年实现突破性增长，"海看"良性生态正在逐渐形成。"海看"正全面推进从单一业态向多元布局、从媒体产业向跨界融合、从产业运营向资本运营的动能转换，形成"主业突出、多业并举、生态健康"的发展格局。

海看网络科技（山东）股份有限公司

典型案例篇

DIANXING ANLI PIAN

荔枝新闻：广电新媒体的融合探索之路

荔枝新闻客户端 2013 年 8 月上线，是国内首个省级广电媒体新闻客户端。上线至今，共经历 140 余次产品版本迭代更新，始终紧跟时代传播潮流和技术发展趋势。

近年来，江苏广电总台大力实施"双头部"传播战略，打造互联网领域的头部影响力。作为总台"双头部"传播战略的践行者，荔枝新闻深入推进全国化战略，突破行业和地域界限，成为省级新媒体向全国"出圈"的探路先锋。

一、正道致远　让主旋律更高昂

作为主流媒体的新媒体平台，荔枝新闻始终坚持同以习近平同志为核心的党中央保持高度一致，自觉把习近平新时代中国特色社会主义思想贯穿到新闻报道和内容生产之中，旗帜鲜明弘扬主旋律，不遗余力传播正能量。我们坚持"走正路、走正道"，这份坚持使得我们在赢得流量的同时，从未出现任何涉及导向和价值观的偏差。

荔枝新闻以传递正能量为己任，始终围绕中心、服务大局。2020 年 9 月，荔枝新闻作为四家新媒体之一，参与中宣部"全面建成小康社会'百城千县万村调研行'"主题采访活动。系列报道深入全国小康社会建设中颇具特色的城、县、村，充分展现全国建成小康社会的美好图景，共覆盖全国 31 个省市自治区，涉足 9 城、25 县、26 村，共推出 60 篇融媒体报道产品，形成了强大的传播效应，全网总点击过亿。

围绕庆祝中国共产党成立 100 周年，江苏广电启动了百集微纪录片《百炼成钢：中国共产党的 100 年》，将在形式、语态、细节和传播上进行创新，多视角、多维度反映波澜壮阔的百年党史，采用网民喜闻乐见的表现形式和互动方式，让宏阔厚重的百年党史亲切可感，荔枝新闻全程负责项目的新媒体策划、宣推和分发。

作为主流媒体，在选取新闻报道的视角时，更看重舆论引导和情感共鸣，践行媒体责任。比如在报道华坪女高校长张桂梅时，我们转向张桂梅个人事迹之外的另一面，通过已走出去的大山女孩引发了教育改变命运的情感共鸣；报道南京玄武湖的并蒂莲时，在当时抗疫抗洪的大背景下，"好运莲莲"的寓意引发了很多人的共鸣，以小见大地传递了国泰民安的心愿。

我们也十分注重舆论的引导和阵地建设。评论品牌"荔枝锐评"关注舆情，服务大局，以高品质、专业性的评论，第一时间回应热点事件，引导舆论。如在全网质疑南京支援武汉的护士未获得应有待遇时，独家澄清辟谣，扭转了一边倒的舆论。一大批稿件产生了广泛而良好的社会影响，2020 年共计 40 余篇文章被《人民日报》、新华社等主流媒体转载，246 篇文章被中央网信办全网推送。

荔枝新闻生产的正能量、高质量的内容，被包括《人民日报》、新华社、央视新闻等在内的央媒转载，也被国家广电总局官方短视频平台频频推送，成为国内诸多媒体的可信来源。2020 年全年，荔

枝新闻的稿件共产生 203 个微博热搜、287 条被央媒转载、131 个
"千万 +"。

图 1 荔枝新闻 7.0 版本全新上线

二、技术加持 让内容创新更有底气

对新媒体产品来说，江苏广电提出"创新创意放得开开的"，要
求在把好导向的前提下，充分发挥 80 后、90 后互联网"原住民"的力
量，打破条条框框，按照新媒体传播规律积极探索新样式、新玩法。荔
枝新闻在业务、技术、模式等角度奋勇"试水"，做了不少创新尝试。

江苏广电提出了"直播常态化"，将电视直播与网络直播相融
合，每年推出 600 场左右的直播。8 月 18 日，依托江苏广电荔枝云
平台，我们自主开发的"荔枝直播"服务平台正式上线。它是荔枝
新闻的直播模块，开放灵活，可搭载多种载体，支持直播带货、微
播综艺等多样态直播业务。这也是江苏广电推进媒体融合的又一个
新突破。

技术引领 流程再造 媒体融合再出发

图2　技术引领　流程再造　媒体融合再出发

对传统媒体来说，技术是做新媒体最大的壁垒。荔枝新闻客户端始终坚持：核心技术自主开发，紧跟前沿趋势进行产品升级。荔枝新闻与腾讯、百度两家头部互联网公司开展技术合作，优化新媒体采编流程，在内容生产与内容分发环节提升编辑效率。上线"荔枝智能写稿系统"，实现文本智能纠错与文章摘要自动拟取。

其中特别推出的智能写稿机器人 Litchibot，使用事件脉络梳理、结构化写作、分众化推荐等技术能力，生产、分发用户关心的新闻内容。例如，基于中国天气网和国家预警信息发布中心的数据信息，自动生成覆盖全国 354 个城市天气预报与极端预警的结构化稿件。

三、融合生产　开放心态跨界合作

作为广电视听新媒体，我们一方面依托江苏广电实现融合生产：搭载 5G 时代移动视频风口，用活传统广电视频的存量与增量。江苏广电总台作为领先的专业视频生产机构和强 IP 内容生产平台，是荔枝新闻得以突破地域标签的助推器。荔枝新闻参与到很多江苏广电大型项目的前期策划和全程宣推分发中，比如获第二十六届星光奖纪录片大奖的纪录片《淮海战役启示录》，荔枝新闻协同创作推出的短视频，也获得了国家广电总局2020年第一季度优秀网络视听作品。

另一方面开放心态跨界合作：立足江苏，跨区域、跨行业联接，创新探索多样化的媒体融合路径，在日常新闻生产中实现整合策划：一是与央媒联动。与央视新闻、新华社等央媒形成常态化视频直播对接，在全国两会、防汛救灾等报道中推出多个联动策划。二是与互联网平台联动。与百度、东方IC、知乎等互联网平台取得合作，建立行业线索和数据库联系，在高考、开学季、抗洪救灾等多个重大节点及事件中，推出行业观察、数据新闻、短视频等多种形态原创内容。三是与高校智库联动。增加对专业资源的拓展与挖掘，与南京大学新闻传媒学院、东吴智库、苏州大学数据新闻实验班等协作生产专业性强的轻科普内容。

四、布局全国　影响力突破省域

2020年开始，荔枝新闻全面发力，突破属地标签，深入实施全国化战略。我们推出"荔枝特报"品牌，直击全国乃至全球热点，大事在现场、热点不缺席。参与进博会、服贸会、长征五号发射等全国重要活动；在抗疫、抗洪、森林大火、台风等突发事件中第一时间抵达现场；在张桂梅、张玉环等热点新闻人物报道中探索出荔枝独特的角度和深度。辐射全球，胸怀天下，目前荔枝特报已触达美国、法国、日本等世界各地，第一时间派出特约记者报道日本"钻石号"邮轮事件、法国巴黎圣母院大火等。

荔枝新闻还参与报道了国新办、教育部、商务部、国防部、中联部、文旅部、民政部、国家卫健委等14个部委办局新闻发布会。

2020年6月和8月荔枝新闻北京工作部、上海工作部成立。北京工作部积极拓展，在部委发布会、服贸会等报道中发挥了重要作用。上海工作部牵头组织了进博会报道。成都、西安、广州工作部也在筹备中。

截至2020年12月31日，荔枝新闻客户端下载用户3103万，先后获得第二十八届中国新闻奖一等奖、国家广电总局媒体融合典型案例等多个奖项。

第二十八届中国新闻奖网页设计类一等奖
《不忘历史 矢志复兴—南京大屠杀死难者国家公祭日》

图3 第二十八届中国新闻奖网页设计类一等奖

自2019年7月至今，在索福瑞统计的全国省级台融合传播指数中，"荔枝新闻"与"荔枝视频"微博账号多次位居全国省级台账号前三。

在新浪微博、腾讯、今日头条等平台中，荔枝新闻多点爆发，多次斩获全国媒体话题榜、视频榜等榜单三甲。

可以说，荔枝新闻客户端，并不是"一个团队的战斗"，而是江苏广电媒体融合进程的缩影。自 2012 年起，从全媒体新闻联动平台上线，120 名广播电视记者转型成为首批全媒体记者；到荔枝新闻客户端上线，到基础性云平台荔枝云启用，再到融媒体新闻中心成立、融媒体调度指挥制度建立，江苏广电总台一直在平台、技术、机制、流程等各个方面全面推动媒体融合。

2021 年，荔枝新闻将继续做好贯彻落实党的十九届五中全会精神、贯彻落实习近平总书记考察江苏重要讲话指示精神等报道；做好建党百年报道；做好全国两会等重大主题报道。继续围绕"垂直＋特报"的内容布局，一方面深耕科技、娱乐、评论、军事、教育及短视频等六大垂直领域；另一方面继续发展在热点追踪和深度调查上的优势，融合、汇聚、输出有人文气质、有生活气息、有信息密度、有亲和力的泛新闻资讯。物理布局上，将持续推进西安、成都、广州工作部的建立，拓展全国影响力。

图 4　荔枝新闻深入实施"全国化"战略

江苏省广播电视总台

73 天不间断融媒体直播：《共同战"疫"》

一、《共同战"疫"》融媒体直播概况

新冠肺炎疫情发生后，迅速打响新媒体平台疫情防控报道攻坚战。1 月 24 日农历除夕夜，新闻新媒体中心率先派出报道团队逆行挺进武汉疫区，先后累计进入红区采访 477 次，占总台前方进入红区采访总次数 43%，原创发稿总量 1039 条。不完全统计，原创视频作品 90% 以上被大屏采用，新媒体阅读量约 47.3 亿次，直播累计观看 74.75 亿次，微博话题总阅读量 108.1 亿。

新闻新媒体中心后方同步启动不间断直播《共同战"疫"》，从 1 月 27 日直播开启到 4 月 8 日武汉解封，《共同战"疫"》不间断直播陪伴大家走过的 73 天，几乎囊括了所有疫情防控进程中的关键节点，为用户提供了一个 24 小时不间断、直击疫情防控第一线的信息渠道，也成为全网最高时长、最多角度融合、最高关注度的疫情防控大直播。

图 1 央视新闻《共同战"疫"》直播海报

如果说从前在谈到媒体融合的时候，更多地是在说传统媒体应对互联网、新媒体用户需求和技术升级的主动思变、主动转型；那么，疫情期间，特殊时期积攒和爆发的用户需求，"贴身"驱动着我们的媒体融合实践，直播推进了内容生态和传播格局的深刻变化。

疫情发生后，全国各地共派出数百支医疗队、超 4.2 万名医护人员驰援湖北，逆行战斗。围绕"三八"妇女节和第一批医疗队回撤的时间节点，即 3 月 7 日、8 日和 18 日、19 日四个晚上，总台新闻新媒体中心"我的同乡英雄"融媒体行动，联动北京、上海、广州、深圳等 33 座城市的 8 万张户外大屏投放同乡英雄的海报照片并进行新媒体直播，邀请"画中人"走进直播间讲述"逆行"故事，让每一位逆行者成为城市夜空中最亮的那颗星，致敬逆行精神、讲述感人事迹、引发强烈共鸣。而疫情防控的特殊性，也使《共同战

"疫"》成为拓展央视新闻内容生态的"加速器"。慢直播、UGC 直播、PUGC 直播、OGC 直播、带货直播，首次参与重大新闻报道，实现了内容生态的深度融合。

二、《共同战"疫"》融媒体直播创新之处

《共同战"疫"》融媒体直播长达 73 天，整个直播团队在这 73 天中，既是在制作新闻节目，也是在守正创新，尝试各种融媒体直播的可能性。

创新一：慢直播传播最新现场 提供情感链接

《共同战"疫"》的慢直播见证了火神山医院、雷神山医院的"基建狂魔"式的建设进展，见证了武汉从空城到重启。在《共同战"疫"》融媒体直播中，慢镜头直播的新闻性得到了提升，特别是我们用慢镜头独家直播了运 20 飞抵武汉，运送军队医护人员驰援武汉的全过程，成为当日现象级传播，单场直播仅在微博一个平台观看量就突破 1000 万。

图 2　雷神山医院建设直播

图 3 运 20 飞抵武汉直播

慢直播也陪伴着父母都确诊感染的武汉新生儿小石榴的成长。云监工、云守护、云看娃……不仅成为全方位呈现防控进展的平台，更成为网友情感释放的窗口。

由于父母确诊感染，诞生于武汉的小石榴一出生就被转入新生儿重症病房。无数网友通过央视新闻的新媒体直播，和小石榴的爸爸妈妈一起，"云守护"这个可爱的小生命。入院、三次核酸检测、转入普通病房、满月、出院、回家，《共同战"疫"》持续跟踪报道，为他搭建了专属的直播间（特别包装），和医护人员、网友们一起守护、见证了小石榴生命中关键的每一步，小石榴也成为广大网友的

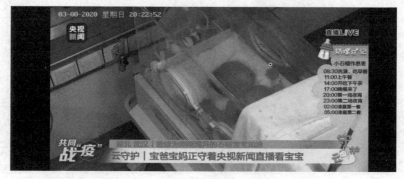

图 4 一起"云守护"小石榴

情感寄托、"福气宝宝"，并多次登上《新闻联播》。

创新二：UGC 直播：从"我说你听"到"大家说大家听"

以往的新闻直播连线中，多用记者连线对事件进行报道。在疫情期间，由于记者力量紧张、防疫物资有限等情况，我们启用了UGC 自述的方式，从不同角度扩充信息量，从"我们告诉你们"变成"他们自己告诉你们"，用软性视角让网友看到武汉真实的样子。

在 UGC 人员选择上，按照疫情发展时间节点，选取不同的人选。疫情初期，选取在网络上有分享经验的武汉播主，讲述市民的真实生活；通过外卖小哥自述，运送物资的司机讲述所见所闻，让网友看武汉当下真实生活动态。

在"方舱"启动后，联系在"方舱"中的轻症患者手绘小姐姐、小品哥、考研哥等进行直播，第一视角看"方舱"生活。

在疫情得到控制的中后期，陆续有康复人员出院，我们连线康复人员做 UGC 自述，康复后的心情"每顿饭都是幸福"；连线自我隔离人员，分享自我隔离过程经验。

后期进入全球疫情时段，UGC 连线也进入国际连线阶段。针对首先暴发的意大利，联系在米兰、罗马、那不勒斯、库马约尔四地的意大利人、旅意侨胞、中国留学生在线分享当地情况；陆续连线美国、以色列、日本等当地居民聊本国疫情动态；连线在土耳其、意大利、日本等国留学生、侨胞，直击疫情最前线。

创新三：不停机、伴随式直播，满足用户的多任务在线需求

直播作为一个需要长时间占据用户时间和注意力的产品，如果只能单一向满足用户的一路资讯需求的话，很难长时间产生用户黏

性。因此，直播制作团队在节目中进行了各种多任务并存的尝试，在一场节目中，力求让用户能得到"资讯＋社交＋情感共鸣"等多需求的满足。

例如，在"三八"妇女节、清明节、武汉零点解封＋超级月亮等节点上，我们都在一个节目中设计了多任务混合多部分，比如"景观＋音乐＋资讯标题＋网友评论滚屏＋主持人念抒情叙事文字＋主持人与网友评论互动"，这样能够保证网友的注意力不断被不同的点吸引住，并且产生多次进入直播间，多次互动观看的黏性。

创新四："一屏多人 一屏多能"的连屏模式探索

在节目中后期，我们尝试了多场"多屏谈话类"节目，运用网络会议连线软件，让全世界各地的嘉宾在一个节目中讨论话题，也探索了新媒体谈话类节目在技术和形式上的可能性。

《全球宅连线》这场节目中，我们全球连线了分别来自中国、美国、以色列、阿根廷的四国青年。听他们讲宅在家这段时间的感受，以及疫情过去后的愿望。

图 5 《全球宅连线》栏目直播

在节目中后期制作的一系列《大使专家连线》节目，更是将这种"一屏多人 一屏多能"发挥得淋漓尽致。每一期节目会邀请中国驻当地大使＋权威防疫专家＋当地留学生和华人代表，一起回应国外留学生和家长们的疑问和需求，直面尖锐问题。"留学生到底要不要回国？""当地是否对华人有歧视？"这些最受关注的尖锐问题都在节目中提出，由大使和专家回应。这一系列节目，不仅做到了"一屏多人"的交流形式，也达到了"一屏多能"的效果，起到了传达权威信息＋传递关切情绪＋交流疑惑与问题的多种功能。

创新五：助农带货 从"新闻报道者"变为"公益引领者"

在疫情得到控制的节目中后期，我们开始策划助农带货类直播，助力湖北经济。

在直播环节设计上，我们更多地把直播镜头给物品的生产和制作环节，用新闻报道的方式来直播带货。在《谢谢你为湖北拼单｜你的外卖 洪湖莲藕来了！》直播中，记者直击挖藕现场，带网友看藕的生长环境，记者亲身下塘体验，深陷挖藕泥塘，画感十足。

在助农直播中，我们不仅关注中小企业商户，还真切关注有困难的农户个体。在《谢谢你为湖北拼单｜秭归脐橙闪亮登场！》直播中，贩卖农户是在秭归山里种植橙子的七旬老汉。受疫情影响，湖北宜昌秭归县刘家坝村封村，脐橙销路受阻，橙子卖不出去，当地电商为其开通线上售卖服务，然而苦于没有知名度，依然不起太大作用。直播当天，我们连线在果园的老汉，邀网友一起参与农户果园现摘、现切、现卖活动，带网友体验采摘景象，教网友制作橙皮作为卤料煮的骨头汤、凉拌橙子皮等美食。直播结束后回访农户，老汉家囤的脐橙已经在线上销售完了。

创新六：线上线下融合，延伸直播影响力

在疫情刚成为热点之时，央视新闻就相继策划制作多部疫情防范宣传片和海报，第一时间整合社会资源，陆续在全国80座城市52万张数字屏上播出疫情防范宣传片，每日曝光量超1亿次，及时引导公众正确认识疫情，提高防范意识，减少恐慌。

"三八"妇女节前后，共同战疫策划推出"我的同乡英雄"线下活动，敏锐地抓住第一批医疗队回撤的时间节点，即3月7日、8日和18日、19日四个晚上，联动北京、上海、广州、深圳等33座城市的8万张户外大屏投放同乡英雄的海报照片并进行新媒体直播。

在这次直播中，央视新闻首次将传统的城市户外商业大屏和央视新媒体直播创新性地结合起来，两场媒体行动先后协调了北京、上海等33座城市的宣传部门参与，北京王府井和世贸天阶的屏、福

图6 "同乡英雄"户外电子屏亮起

州闽江两岸的楼……8万多张当地地标或重点区位的户外电子屏为"同乡英雄"亮起，播放本省（市）赴湖北医疗队的部分医护人员照片，浩大声势震撼全国。

总而言之，《共同战"疫"》不间断直播成为2020年新媒体报道疫情防控的传播基座，融合了疫情防控报道的方方面面，及时、准确、全面地报道了这场防控疫情阻击战。而在此基础上，低时延的移动直播、多人云连线直播技术，催生了全球大使连线、带货直播、线上线下融合报道"同乡英雄"全新新闻直播样态和二次传播的衍生产品。

中央广播电视总台新闻新媒体中心

东方卫视《我们在行动》节目组
——四位一体产媒融合，助力脱贫攻坚

一、基本情况

东方卫视是上海广播电视台的上星频道，《我们在行动》是中国首档公益纪实扶贫大行动节目，自 2018 年 2 月开播至今历时三年，共播出 5 季节目。节目组奔赴脱贫攻坚前线，行程 30 万公里，跨越 15 个省、自治区，辗转 30 多个贫困县，超过 100 位嘉宾"零片酬"参与。

通过电视媒体播出＋头部主播带货直播＋产品发布会＋网络发酵的"四位一体"媒体融合模式，打造了 30 余款县域特色产品，共计实现 14 亿元的扶贫助农销售额。

二、主要创新点

（一）媒体融合，打造电视、电商、新媒体综合扶贫

节目以东方卫视为主阵地，完整记录从下乡选品、产品包装直

至发布会订购的全过程，同时辅以抖音、微博的碎片化传播，引发公众对扶贫的关注，在微博上的话题讨论达 7.7 亿次。并且在上星卫视中领全国风气之先，首创节目中放置电商直播带货的形式。节目邀请到了薇娅、李佳琦、烈儿宝贝等直播头部主播，为贫困县做了 12 场直播带货，观看总人次突破 5000 万，共计销售 4328 万元。由薇娅、李佳琦所带货产品均成为网络爆品，为扶贫产品带来了持续的销售潜力。

图 1　李佳琦在云南宁蒗直播

图 2　薇娅、陈龙、章龄之在浙江景宁直播带货

（二）以卫视平台为抓手，电商销售为突破口，大小屏互动导流，开拓扶贫销售新领域

《我们在行动》创造性地搭建起了一个庞大的"产业扶贫造血媒体工程"，趁着电商直播这股浪潮，将可以对接的资源全部整合起来搭建了一个淘宝"百万粉丝"店铺。节目组也聘请了专业的电商运营公司，来为这家店铺承担选品、开品、销售、售后等工作，为长期扶贫做好全方位服务。并以卫视平台、头部主播为店铺导流，在短短一个月的时间里，将该扶贫店铺做到五冠品质。

店铺中上架了节目里出现过和接触过的所有优秀农产品，试图从开店、选品，以及售后服务入手全方位引导农民树立互联网思维、大数据观念，帮助农民建立自己的电子商务渠道，达到真扶贫、扶真贫和从源头把控农产品品质双赢。通过优化升级整个农产品产业链，打造出优质的农产品形象，提升产品溢价能力，授人以鱼不如授人以渔，通过一系列切实可行的操作和完善相关追溯体系，提升农产品口碑，倒推产业转型，形成新的生产标准，与市场需求同步。

（三）跨界创新，打造"媒体＋精准扶贫"新模式

作为一档原创的"精准扶贫"公益节目，节目组在策划伊始，对《我们在行动》的定位便不止于一档电视节目，而是一项综合的、长期的、实效的扶贫工程。通过《我们在行动》包装出来的扶贫产品，将会有节目合作企业全程跟进项目执行，为贫困县创造稳定的、持续的供销保障。同时，《我们在行动》从主流媒体的社会责任出发，聚合各方的能量，真正把"公益"两个字沉淀下去，开创了

产业扶贫的电视实践。

（四）引领明星零片酬公益行动，开启行业精神文明新风气

为贯彻节目的公益属性，《我们在行动》首先提出明星"零片酬"的呼吁，在综艺节目天价片酬的大背景下，注入了一道新风气，在节目组的诚意感召下，明星们云集响应，纷纷零片酬加盟到节目录制中，节目口碑获得了社会各方的一致认可。

图3　王凯、刘涛帮助山西平顺县农民搬运化肥

（五）既扶物质之贫，亦扶精神之匮

《我们在行动》将物质、精神双扶贫概念植入节目制作核心，不仅助推了当地产业转型发展，促进了当地就业增收，而且解决了贫困户亟待解决的精神层面的困难，体现了媒体关键时刻不缺位、不失语的职责和担当。在甘肃静宁，节目组联系当地的果业公司和合作社，邀请专家为当地村民指导苹果的种植技术，并且在订货会上为静宁苹果销售出6亿元的订单，创造了《我们在行动》五季以来的纪录。在西藏日喀则，公益大使兵分两路，分别调研了定日县和亚东县，发现定日的红土豆和黑金刚土豆因为销售渠道不畅而滞

销，而亚东的鲑鱼是第一次出栏面向市场，能否打响知名度会影响今后村民的积极性，于是公益大使在订货会上使出浑身解数，最终帮助亚东鲑鱼三年产量全部包销，定日滞销土豆全部销售一空；在贵州道真县，公益大使请来了上海农科院的研究员，帮助村民解答了新型蔬菜的营养价值和种植要领，帮助村民树立了信心……《我们在行动》节目中上演的扶贫故事，正是习近平总书记一直强调的"扶贫先扶志，扶贫必扶智"的生动实践。

三、成效及社会反响

《我们在行动》自 2018 年 2 月起至今总共播出五季，第一、三、四、五季在周间黄金档播出，位列全国同时段节目类收视排名第一，第二季在周六黄金档播出，在众多大制作的王牌综艺的红海中依然脱颖而出，位列全国同时段节目类收视率第二。

包括《人民日报》、人民网、央视网、广电时评、《经济日报》《解放日报》《文汇报》《中国青年报》、上观新闻、澎湃新闻、《南方周末》等在内的 40 多家全国主流媒体还纷纷发表评论，给予节目高度评价。在网络反馈方面，《我们在行动》豆瓣评分 8.8 分，微博"我们在行动"节目话题总阅读量突破 7.7 亿；在天涯、豆瓣、知乎等热门社交平台形成多个话题，跟帖评论几乎零差评。

节目还获得了广电与扶贫领域多个奖项，如国务院扶贫开发领导小组颁发的 2018 年度全国脱贫攻坚组织创新奖、第 11 届中华慈善奖慈善项目、广电总局颁发的 2018 年度广播电视创新创优节目、第 26 届电视文艺星光奖特别大奖，等等。

四、成长空间和发展前景

（一）媒体融合的综合扶贫

聚焦媒体融合，以卫视平台为依托，打造电视、电商、新媒体综合扶贫。通过全方位地宣传，将藏在大山深处的农产品传递给电视观众，触达潜在的消费者，达到市场推广的效果。同时更以直播带货的形式，让商品可以直接和消费者建立购买关系，达到消费扶贫的目的。

（二）项目的逻辑闭环

《我们在行动》以节目的形式，集合具有社会号召力的明星、企业家为贫困地的特色农产品背书，同时通过媒体的公信力向具有集采实力的供应商企业邀约下单，这解决了 B 端销售。通过东方卫视的平台在黄金时段向全国播放，让观众了解产品背后的生产过程并赋予品牌价值，这增加了 C 端需求。通过 B 端的订单让贫困地的产业有发展动力，通过 C 端市场的培育，使当地的产业扶贫得到了长期的保障。

（三）以做产业的思路做电视节目

《我们在行动》深入一线，与村民同吃同住，身体力行地切身感受贫困地区生活状态，并且每一站最终都会联合社会各界资源，设立订货会环节，邀请城市居民、供应链企业、带货主播等共同为贫困县的特色产品推销采购，为贫困地区打造特色销售产业链。而《我们在行动》为当地重新包装的特色产品的品牌都无偿给当地县域使用，让更多的村民可以加入该产业中，并从中获益。

例如在云南红河州，当地有一种会飞的高原土鸡，白天栖于树间，可飞翔觅食，但因为没有屠宰产业，没有真空包装技术，不能冷链配送，导致它无法运输出云南省，打开更广大的销售市场。为此，节目组首先为这款会飞的土鸡打造金平诺玛飞鸡的品牌，随后联系了周边的屠宰场，促使他们完成标准的真空包装，对接冷链配送，解决产业配套问题。接着联系上海蔬菜集团，把这款产品纳入"云品入沪"工程。如今，上海百姓的餐桌上就可以品尝到这款特色美味的土鸡。

图 4　云南金平蔡国庆体验背筐售卖土鸡

上海广播电视台

广电 MCN 实践报告 2.0

——湖南娱乐 MCN 模式

按照"导向为魂、移动优先，内容为王、创新为要"的基本要求，湖南广播电视台娱乐频道自 2018 年年底以 MCN 模式践行媒体融合发展。两年来机构变革底层操作系统，实施组织变革，建设新的能力体系，基本实现了从传统地面专业频道向新媒体机构的转变。

一、以 MCN 为先手，变身新媒体机构

MCN 是短视频和直播机构的泛称，指基于内容创作展开的各种服务活动，包含多种组织形式。湖南娱乐以 MCN 为转型新媒体的组织变革路径，以且行且试的实干精神、边错边改的迭代原则，账号内容一试再试，业务类型一改再改，组织架构一调再调，始终用动态纠错跟上形势，以增长发展为目标做实新媒体。

（一）新媒体传播能力增强

湖南娱乐在全网平台建立了常态化内容矩阵，共开设 600 多个账号，布局明星娱乐、母婴、剧情、萌宠等内容赛道，全网粉丝目前 4.18 亿，视频总播放量超 1200 亿次。在整个市场竞争格局中，

湖南娱乐 MCN 在 2020 年抖音官方发布的机构排行榜中多月稳居前四，在广电 MCN 的分类排行榜上始终蝉联第一，形成了以新为主、新旧融合的媒体发展模式。

（二）新媒体内容生产体系完善

湖南娱乐搭建了 1 万平方米适用多场景拍摄的短视频内容生产制作基地，建设了 136 间新媒体直播间，实现足不出台，玩转任意空间。完善了从内容生产到流量运营的线上管理体系，内容生产报单、流量投放及三级审查制度等模块实现线上操作，三审责任人随时随地把控内容生产导向。

图 1　掌上三审系统

目前湖南娱乐长视频月度生产量 40 小时以上，短视频月度生产量 70 小时以上，每月生产短视频数量超 6000 条，每月直播超 300 小时。基本搭建了以短为主、长短结合的内容生产体系，实现了在移动端加大产品投入的融合目标。

（三）新媒体经营管理模式形成

对标行业先进，湖南娱乐对管理模式、运作机制以及商业运营模式进行了重塑。业务团队采用扁平化、模块化的管理。在机构内部，管理层取消了职级职务，从上至下只有"负责人"的称号，员工的薪酬待遇也是动态效益、因人而异。

遵循"内容为本、做人设卖产品"的发展方向，适应短视频商业生态"碎片化"的特点，湖南娱乐搭建了"短视频媒体运营""直播电商""店铺运营""品牌服务"等业务模块，各业务形成了从"内容生产—流量运营—商业变现"的独立闭环。目前，湖南娱乐已从单纯依赖传统电视媒体资源转型为运用全互联网平台发展的经营模式，基本实现了 2B 为主，2C 配合的多元盈利方式，2020 年营收较2019 年增长 53.7%，其中新媒体业务收入占比超过 65%，同比增长超过 400％。

二、以媒体性为舵手，做强新渠道品牌

广电 MCN 不是简单的业务和项目选择，而是针对新的传播方式发生变化的体系重构，必然是准确识变、科学应变、主动求变的过程。但是，广电有自己的基因和传统，多年来形成了各自的资源禀赋，需要在大胆变革的过程中勇于发现自己的优势，保留自己的价值成色。在这个变化中，湖南娱乐始终坚守两个不变：坚守媒体定位、坚守内容本位。

坚守媒体定位，一是媒体的身份和角色，意味着转型做新媒体，主要责任和使命仍然是抢占传播新渠道，构筑新格局中的传播力和影响力。湖南娱乐的新媒体账号坚持守正创新，以符合移动传播的内容逻辑构建多个垂类，充分发挥矩阵效应，在互联网上实现

了传播能力的构建。2020 年新冠肺炎疫情期间，原创短视频 194 条，全网总播量 3.95 亿次，其中"善意的谎言，为谢善良的你"单条视频全网播量高达 1.13 亿次，点赞 488 万，互动评论 6.5 万条，歌颂医护，赞扬帮扶，传递暖心正能量；母婴矩阵账号"张丹丹的育儿经""小豆包妈妈""草莓妈妈"等发挥母婴 KOL 影响力，持续发布原创科普防疫知识短视频，为广大用户战胜疫情提供精神力量。二是从商业化角度来说，媒体一直是比较好的商业模式，目前 MCN 行业良莠不齐、包罗万象，各行各业都在渗透进入，广电 MCN 需要坚持自己的媒体定位，不管是功能属性还是商业模式，不能完全跟着市场公司的节奏走。

坚守内容本位，是湖南娱乐 MCN 参与市场竞争的核心价值，也是广电在新媒体领域为数不多的竞争性武器之一。当前，新的传播生态仍然在加速迭变，场景叠加、生态融合，已经超越了传统媒介的定义和边界，各种概念和模式接踵而来，既隐含着新的机会，也充斥着伪命题和泡沫。对此，湖南娱乐选择长期价值的积累，立足内容来应对。两年来始终坚持以内容建设为中心，在明星娱乐、母婴、剧情、萌宠等几个垂类赛道赛跑，形成了规模稳定、持续更新、品质提升的内容生产和运营体系，完成了媒体传播价值闭环。其中"湖南娱乐"官方抖音号目前 1026 万粉丝，明星账号代表"陈小纭"粉丝 533 万，母婴代表账号"张丹丹的育儿经"粉丝 565 万，剧情代表账号"丸糯本丸"粉丝 657 万，萌宠代表账号"森森的日常"粉丝 453 万，泛娱乐代表账号"张之助竟然"粉丝 1182 万。

2020 年，湖南娱乐荣获抖音"2020 抖 in City 影响力机构"、TV 地标 2020 中国电视媒体综合实力大型调研"年度优秀广电 MCN

机构"、第三届中国新媒体发展年会"年度全国广电十佳 MCN 机构"、人民网智作平台"年度最具发展潜力 MCN 机构"、克劳锐2019—2020"年度新锐机构"等奖项。

三、以短视频为抓手，构建新产品体系

新媒体发展日新月异，迭代非常快，内容产品、商业运营以及整个生态的角色变化，带来和传统长视频生态完全不一样的理解纬度。重新审视视频流时代的媒介特质，在融媒体实践中，湖南娱乐着力发展短视频内容创作能力，以此为核心构建产品集群，在原有长视频业务板块外，完整构建了短视频新媒体业务体系，形成了四大产品账号矩阵。

（一）媒体矩阵

布局抖音、快手、淘宝直播、小红书等全网流量平台，在明星娱乐、母婴等多个垂类领域布局，通过自孵化、外签等方式建立多账号体系，形成超 4.18 亿粉丝的媒体矩阵。

（二）达人矩阵

基于传播人格化的视频流时代特性，湖南娱乐搭建了达人孵化全产业链条，成功打造以"陈小纭""张之助竟然""丸糯本丸"为代表的达人 IP 矩阵。目前，在全网拥有超 350 位签约达人，10 人左右主播 IP。

（三）品牌矩阵

以服务品牌客户为核心，搭建 To B 端内容营销体系。湖南娱乐

2020 年服务于滴滴出行、文和友、海普诺凯等知名品牌，运营十余个抖音账号代运营业务，单账号月均涨粉 10 万 +；服务于教育、金融、网服、电商等类别客户，月均生产千条以上内容创意效果视频。

（四）商业矩阵

基于市场客户品效合一的营销诉求，湖南娱乐着力发展视频电商业务。"张丹丹的育儿经""主持人马可""主持人王燕"等传统电视主持人在电商业务孵化下完成了在新媒体赛道上的破圈。王燕生活节专场直播单场 GMV（成交总额）超 500 万元，"双十一""双十二"几大主播直播累计 GMV 超过 1900 万元，全年直播电商 GMV 超 9800 万元，同步沉淀店铺资产，商业矩阵初步形成。

四、以数字化为推手，推行新组织形态

数字化时代加速而来，现代传媒机构反应灵敏、制作迅速，必然要向技术要效率，进行数字化转型。这本质上是对传统工作习惯的斗争，也是组织思维方式的主动进化。2020 年，湖南娱乐以数据为推手主导组织变革，搭建了以"中台赋能的新组织形态"，大力建设数字资产，实现流程管理数字化。

（一）建设业务中台

着力推进由传统运营模式到数字化运行的升级，湖南娱乐搭建了数字驱动、资源共享、技术支撑、品牌赋能的中台体系，洞察市场信息，监测内外部数据，用数据为业务做决策。

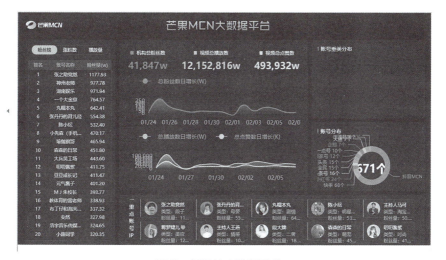

图2 新媒体大数据系统

（二）数字流程管理

通过自主研发数字系统，将各业务共性需求进行抽象打造成平台化、组件化的系统能力。目前，湖南娱乐已建设了账号/达人管理、商单管理、电商管理、项目管理、演员管理、视频/文件素材库等功能的数字流程管理体系。同时，搭建了协同办公OA系统，实现了办公审批流程在线率100%。

（三）市场运行机制

2020年进一步完善以创新娱乐为主体的公司化和市场化改革。组织架构借鉴互联网经验，形成"前台+中台+后台"的结构体系。围绕内容生产和投放的两个基本核心能力模块，进行业务形态的设计。打造IP、锤炼品牌，增强市场竞争力。

五、视频流时代的思考和对策

（一）准确识变，融入视频流时代

在全新的传播时代、全新的短视频行业，尽管"人找信息"的形式仍然普遍，但"信息找人"在移动和碎片化的场景下越来越主流，内容表达的视频化趋势也越来越明显，两者结合推动了一个视频流时代的来临。视频流时代大致呈现出三个特质：

一是传播人格化。不管主持人、明星还是网红，屏幕越小人越大，背后的商业逻辑其实就是人格带来信任。"信任"的获取，在以前的商业模式里是最难的，成本也是最高的。

二是内容工具化。内容以前更多的是在于信息的获取和消遣，现在内容的功能越来越泛化，越来越渗透到其他的行业，成为一种情绪调动工具，演化为一种动机催化剂。

三是渠道场景化。视频内容平台的形成，不仅仅因为有发布、存储、点击视频的功能，核心还在于提供了对用户具有高黏性的场景体验。在 5G 到来的时候，随着云计算能力提升，互联网平台入口逐步从前端隐身，渠道场景化会进一步明显。

（二）两轮驱动，善于做好流媒体

在视频流时代，要善于做好"流"媒体：一是"流动的媒体"，用户在哪里，媒体和媒体的内容就应该到达哪里；二是"流散的媒体"，适应碎片化的传播场景，媒体单元切成单条，无处不在，又形神俱在；从传播效果来看，好的"流"媒体又一定是"流量的媒体"，这是传播影响力使然。

在"流"媒体实践中，湖南娱乐遵循媒体传播规律和内容的价值规律，突破传统观念和体系，拆解市场竞争要素，建造了两个新的车轮：内容生产和分发。

内容生产在传统的广电体系里是很重要的一项日常工作。分发运营则相对陌生，它不仅是多平台的渠道布局、内容发布上线等表面工作，还涉及各个渠道的生态、内容调性、场景，同时还需要考虑投放和粉丝运营。分发环节在整个链路中，尤其是对后端商业化将产生非常重要的作用。

基于生产和分发两个动作，驱动前后延伸，湖南娱乐形成了自己机构的一套运营模型。内容生产前置的需求大致分为三类：一是 IP 导向，主要是指短视频，媒体账号矩阵和直播产品，属于定制的、有计划的生产；二是订单导向，主要是效果视频的制作，以及品牌客户账号的内容生产；三是销售导向，To B 的带货。内容分发在短视频、直播生态里的形式就是信息流，落地的主要方式一是账号，二是单页，三是小程序。对应来说，账号形成粉丝的转化，打

图3　短视频广告商务系统

造人设，H5 单页是将营销诉求直接呈现给用户，属于信息流广告，而小程序则主要是指电商的店铺形态，用于商品销售服务。

（三）一体多端，助推跨越式发展

湖南娱乐的核心业务均是基于"两轮驱动"的运营模型，为客户提供品宣、品效、品销的内容服务，在业务结构上实现多点获利，助推跨越式发展。

其中单一业务模块自成变现闭环，又可以与其他业务团队相互协同，集合满足单一客户的不同需求。从盈利来源的角度，分成两个大的商业化体系：一是 2B 模式的品宣、品效广告和传统的电视媒体的经营思路是一样的。在这个体系下，IP 导向和订单导向的内容生产通过分发最终都是为品牌提供品效服务的。另外一个是 2C 的商品销售，主要是短视频带货和直播电商，融合了消费认知和行为，也融合传播和销售渠道，路径非常短、效率比较高，业务天花板相比媒体广告经营也要高很多，可以满足经营体量规模的扩大需求。

图 4　直播带货系统

以上是湖南娱乐 MCN 两年来的简单小结，也是机构对融合媒体环境下传播形态变化的思考。在视频流时代，内容经济正逢其时。内容经济的本质，是解决人的焦虑问题，内容经济的范围也已经不再局限于原来的文学、影视、游戏等传统文化产业，而是泛化到更多的行业和领域，在 2020 年疫情期间，这种趋势正在加速。从互联网经济本质上来说，内容获取用户的成本比较低，活跃度又比较高。另外内容本身触达用户的路径非常短，同时商业转化效果比较好。内容经济的盛行，必然带来内容人才的竞争利好。5G 到来之后，视频应用还将大行其道，地面专业频道转型升级过程中也将因此获得新的增长能力。

2021 年，"湖南娱乐 MCN"全新升级为"芒果 MCN"，以"市场第一明星娱乐 MCN"为发展目标，继续坚持移动优先、一体发展，坚持多屏互动、矩阵传播，坚持平台与网络并用、内容为本，坚持以 MCN 为模式的新媒体机构发展道路，不断增强产品能力，完善运营体系，力争发展成为全国头部主流新媒体机构，为广播电视媒体融合发展的实践和探索作出贡献。

湖南广播电视台娱乐频道

推进行业数据治理，深化媒体融合发展

——广播电视节目收视综合评价大数据系统

一、项目实施单位

广播电视节目收视综合评价大数据系统项目实施单位为国家广播电视总局广播电视规划院，其主要职责为研究广播电视科技发展规划，提供技术政策和决策服务；研究拟定广播电视标准、频率规划，负责与相关国际标准组织的对口工作；承担广播电视安全传输保障体系规划研究，安全传输保障测试认证；承担广播电视和网络视听节目综合评价技术研究与数据分析；承担广播电视技术系统、设备检测认证工作；承担广播电视与网络视听相关业务信息研究。

二、项目创新做法与实践

（一）项目背景及重要意义

广播电视节目具有鲜明的意识形态属性，节目收视综合评价事关国家文化安全和意识形态安全。伴随着科学技术的不断发展，媒体融合持续向纵深推进，基于抽样统计技术的传统商业化收视调查体系，已经无法适应媒体融合发展和传播格局、传播环境的新变化。同时，在实践中，收视率造假乱象屡禁不止，边治理边造假顽疾依旧频发，舆论导向和价值取向不断受到威胁，行业秩序和产业生态背负沉重负担与枷锁。社会各方反映强烈，呼唤权威的有说服力的新兴收视调查体系尽快建立与全面应用。

为贯彻习近平新时代中国特色社会主义思想和全国宣传思想工作会议精神，落实中央领导同志关于收视调查体系建设的多次重要指示批示，从源头上解决收视调查领域突出问题，巩固党对意识形态工作的领导权、话语权和管理权，强化广播电视和网络视听行业的有序管理，落实国家大数据战略、培育"智慧广电"发展新动能、促进广播电视高质量创新性发展，国家广播电视总局委托广播电视规划院建设了"广播电视节目收视综合评价大数据系统"。

（二）项目创新做法与实践

广播电视节目收视综合评价大数据系统以"全网络、全样本、大数据、云计算"为主要特征，坚持真实性、科学性、先进性和标准性原则，以"服务宣传管理，支撑行业发展"为宗旨，基于自主技术研发与核心知识产权，持续推进广播电视节目收视综合评价大数据系统建设，彻底打破欧美多年来对收视率调查技术的垄断格局，建立起科学、真实、有效的收视评价体系。系统地实现了全国超过 2 亿用户规模海量多源异构的有线电视、IPTV 和互联网电视用户收视数据的汇聚接入与融合分析。系统数据采集、数据清洗、数据分析、数据挖掘、数据呈现各环节全流程自动化、封闭化处理，并针对数据安全有效地构建纵深防御架构和动态保障体系。

系统牢牢把握正确政治方向、舆论导向、价值取向，积极适应媒体融合发展和传播格局、传播环境的新变化，持续性地丰富和优化核心指标体系和统计分析模型，能够有效地输出 8 大方面超过 80 项核心指标，分析维度涵盖节目维度、频道维度、地区维度和时间维度等。基于客观真实数据统计，多维度建模分析，在真实反映节目传播效果、客观反映观众喜好的基础上，积极探索建立多指标、综合性、全面性、可量化的综合评价体系，遏制唯收视率倾向，积极健康地引导节目的创作和生产，促进节目质量提高和节目繁荣发展，创新带动广播电视媒体提高节目质量、传播效果和内部管理效率。

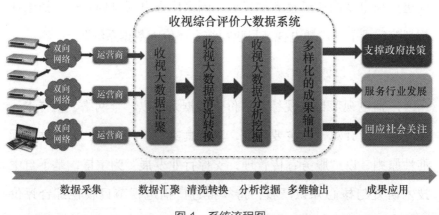

图 1　系统流程图

《广播电视节目收视大数据统计调查制度》由国家广播电视总局制定，经国家统计局批准正式发布。广播电视节目收视大数据统计调查正式纳入国家统计局部门统计调查体系之中，成为唯一经国家统计局批准执行的收视调查项目。一系列法律法规文件的发布，将确保数据采集与汇聚的准确、完整和及时，保障数据发布与应用的真实、客观和有序。积极通过标准化工作，持续推进全行业数据规范化建设，重点构建面向互联网视听领域的数据指标体系，并以规范化的数据建设助力和带动各地智慧广电建设。针对网络视听节目收视数据采集的标准已经完成研制，目前正在积极推进网络视听用户收视行为数据的接入工作。

广播电视节目收视综合评价大数据系统坚决落实中共中央《关于加快推进媒体深度融合发展的意见》中所指出的，要以先进技术引领驱动融合发展，加强对大数据、区块链、人工智能等信息技术革命成果的创新性、融合性应用，实现大数据、区块链等技术之间的"优势互补、效益叠加"，构建起以内容建设为根本、先进技术为支撑、创新管理为保障的全媒体传播管理技术支撑体系。努力将先进性贯穿于广播电视节目收视综合评价大数据系统扩容建设和优化迭代的全过程、全链条和全节点之中。积极融入、全面助力构建广播电视和网络视听治理理念、治理方式、治理手段、治理体系，助力国家广电总局提升在广播电视和网络视听领域的数字化治理能力，实现行业治理能力和治理体系现代化，有序打造广播电视和网络视听良性生态。

（三）技术创新点

广播电视节目收视综合评价系统在广电行业首次运用大数据技术开展节目收视领域政府统计工作，已申请4项发明专利、获得5项软件著作权，打破了欧美多年来对收视率调查技术的垄断格局，对于建立科学、真实、有效的收视评价体系，从根本上解决收视率造假问题，发挥了重要作用。

图2　系统特点

创新点可以概括为以下几个方面：

1. 样本全、覆盖广，超规模海量数据源

系统现已实现全国超2亿有线电视、IPTV、互联网电视用户收视数据的汇聚分析，涵盖直播、回看、点播等多种收视方式，反映用户对广播电视节目收视内容和收视方式的多元化需求。

2. 大数据、云计算，高效处理精准到户

系统基于大数据、云计算技术，高效及时地统计超大规模收视数据，分析颗粒度精准到户，既可以反映热门节目、黄金时段的收视情况，又可以精准捕捉小众节目、边缘时段的收视特征，全面还原和呈现多样化的收视特点。

3. 防操纵、抗污染，根本解决收视造假

系统数据采集、清洗、分析、呈现各环节无缝衔接，全流程自动化、封闭化处理，防范人为操纵。系统基于海量大数据统计，个体样本数据污染对统计结果的影响可忽略，系统抗污染能力强。

4.多维度、全方位，融合分析引领发展

系统创新性地建立了涵盖 8 大方面超过 80 项核心指标的收视大数据指标体系，提供客观真实的收视数据统计，实现"跨网络、跨方式、跨终端、跨频道、跨地域"的多维融合分析。通过对收视数据深度挖掘、及时反馈，指导内容选题、素材集成、需求组合、分析预测、创作生产，转变传统节目生产方式，有效引导行业健康发展。

5.全媒体、开放性，预设未来全新定位

系统将适应媒体融合发展和传播格局、传播环境的新变化，持续丰富电视收视数据来源，未来将全面覆盖有线电视、卫星直播、IPTV、互联网电视以及网络视听领域等不同传播渠道，并提前预设了全国有线电视网络整合和 5G 移动应用大趋势下的新定位、新模型。

三、项目成效与反响

围绕国家广电总局"舆论引导能力提升"、"新时代精品"、"智慧广电"建设、"视听中国"播映、"安全播出"、"管理优化"等六大工程深入实施，聚焦"数据洞察、传播感知、决策支撑、价值引导"等诸多方面，全面发挥"中国收视大数据（CVB）"数据支撑和引领作用。通过数据查询分析或者数据报告呈现等形式，向全国各省、自治区、直辖市广播电视局，新疆生产建设兵团文化体育广电

和旅游局各项日常管理、引导和调控工作提供有力的数据支撑；实现对中央广播电视总台、电影频道、中国教育电视台以及全国 35 家以上上星卫视频道的全面数据赋能；与多家知名内容制作机构，建立定期的数据通告和交流机制，规范内容播出效果评价和营销推广，已经向中央领导、中宣部、行业主管部门、全国电视台等输出各类专业数据分析报告 2 万余份，支撑宣传调控，助力电视台的创作生产和播出管理，获得各方肯定。

引导更多影视公司、卫视平台回归内容之本，树立正确的历史观、民族观、国家观、文化观，在积极弘扬中华优秀传统文化、革命文化和社会主义先进文化的同时，真正地实现让观众更多关注优秀剧目的初衷，践行了引领收视率透明时代的使命，发挥了主流价值观之下的收视引导作用，引导各类创作者树立正确的历史观、民族观、国家观、文化观，促进人民群众在理想信念、价值理念、道德观念上紧紧团结在一起。促进收视环境扬清激浊，助力优秀剧目广泛传播。正能量、有感染力的精品剧目在真实的收视数据引导之

图 3 助力优秀剧目广泛传播

下，得到了更加广泛、深入的传播，以收视数据之"真"有效引导了影视创作之"深"，助力打造精品力作，以精品奉献人民，用明德引领风尚，为国家写史、为民族铸魂、为人民立传。

基于广播电视节目收视综合评价大数据系统的闭环全链条高效运转，为全行业实现全面、多样化的数据赋能，为行业"抓难点、抓痛点"，培养和建立"新业态、新模式"，为"创造性转化、创新性发展"的健康生态注入源源不断的"数据洞察力、传播感知力、决策支撑力和价值引导力"，不断激发创新创造活力，推动广播电视行业高质量、创新性发展。

下一步将依托现有大系统资源，推动实施"广播电视节目收视综合评价大数据系统扩容"，提升系统数据汇聚规模，优化数据全链条机制，完善数据全生命周期质量，确保数据采集与汇聚的准确、完整和及时，保障数据发布与应用的真实、客观和有序。在加速推进实现互联网视听数据规模性接入的同时，重点构建面向互联网视听领域的数据指标体系，实现网络视听收视数据的有效汇聚和分析。基于客观真实数据统计，多维度建模分析，真实反映节目传播效果，客观反映观众喜好，全面发挥"中国视听大数据"价值引领作用，服务宣传管理，支撑行业发展。创新带动广播电视媒体提高节目质量、传播效果和内部管理效率，提升国家广电总局在广播电视和网络视听领域的数字化治理能力，实现行业治理能力和治理体系现代化。

四、项目经验与启示

广播电视节目收视综合评价大数据系统依靠客观真实的收视统计数据，为节目综合评价提供技术支撑，为行业治理和管理提供了重要手段，已向上级主管部门和行业输出各类数据分析报告近2万份，为舆论引导、节目播出管理等提供了重要支撑。

广播电视节目收视综合评价大数据系统的建设及应用，为广播电视行业在高新技术应用方面起到了积极的示范作用，对深化媒体融合发展、创新广电业态具有十分重要的意义。目前，由于本项目的示范效应，已在全国范围内掀起了广播电视大数据应用的热潮，极大地加快了广播电视技术升级和创新应用，以精准化、精细化的方式为广大群众提供高品质的视听产品，更大程度地提高广播电视行业的服务水平，为广电行业实现跨越式发展奠定了基础。

国家广播电视总局广播电视规划院

"上海空中课堂"媒体融合实践探索

——从视听产业到垂直行业，从大屏到多屏，从传播到服务

一、背景情况

2020 年年初，新冠肺炎疫情的暴发直接推迟了上海各大中小学新学期的开学。上海市教委在 2 月初决定，根据习近平总书记关于应对新型冠状病毒肺炎疫情工作重要指示精神，充分发挥"互联网＋教育"的作用，开展以"电视为主、网络为辅"的在线教育项目。

东方明珠新媒体作为国内拥有多渠道视频集成与分发平台的媒体、上海地区电视播出服务主服务商，积极响应教委需求，为本次在线教育项目提供全方位的服务保障。从频道申办到内容生产，从版面编排到全网信号输出，充分发挥了其在制作、传输、分发、运营等方面的多项优势。

3 月 2 日，"上海空中课堂"正式开课，全市 142 万中小学生成功步入"新学期"，开始在线学习，实现了"全日制、全覆盖、全媒体、全免费"的在线教育目标。"上海空中课堂"因传输信号流畅，画质稳定，大屏的收视方式更有利于保护孩子视力，得到了不少学

生和家长的充分肯定，感叹"电视台做的，果然不一样"。

在"上海空中课堂"项目中，东方明珠新媒体调动了旗下百视通、文广互动、东方有线、云计算中心等各团队进行通力合作。由东方明珠新媒体总部进行项目统筹，由上海地区的 IPTV 播控机构百视通负责内容统一生产及分发，由文广互动负责有线渠道频道版面编排，由东方有线与百视通负责上海有线网络及 IPTV 网络电视（上海电信、上海移动、上海联通）频道播出及点播业务，由东方明珠云计算中心团队负责整个直播频道编播系统的运维以及全网（腾讯、晓黑板、哔哩哔哩等）的直播信号传输。

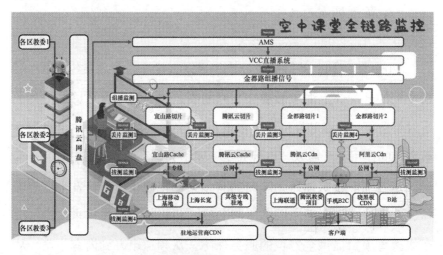

图 1　空中课堂——全链路 2K

与以往的电视产品及教研任务不同，这是在疫情下形成的广电和教育两个行业的快速项目集结。作为上海市教委面向全市中小学生第一次大规模尝试在线教育项目，要短期内完成 12 个直播频道及点播专区的全网同时上线，通过统一组织、统一步调，实现全市教学需求，满足百万家庭在线学习需求以及完成广电安全播出任务，时间紧，覆盖面大，关注度高，可谓是前所未有的一次尝试。

二、创新做法及实例

"空中课堂"筹备初期，东方明珠各团队对面临的情况进行剖析，此次项目的上游方是有着丰富的教学经验，但缺乏电视录制与大众传播经验的教委及各区教师团队，而项目下游方则是疫情期间，收视环境不一、略显焦虑的百万学生、家长及数千所学校的教职员工。要让 16 个区县，近千名优秀教师在不到一个月的时间内实现标准化录制课程视频，要让"空中课堂"的收看便捷、直观，能同时服务数百万学生、家长及教师团队，使"停课不停学"真正得到有效的贯彻落实，这些是此次项目首要解决的问题。

（一）贯彻全程的"服务思维"，双向服务，上下游兼顾

"空中课堂"的项目推进，摆脱了以往传统制作播出平台的思维方式，把"服务思维"贯穿于项目全程之中。积极换位思考，列出问题清单：哪些是教委及老师们作为教育行业工作者，对广电播出环节可能不清楚的问题？哪些是作为播出平台，对基础教育目标及日常课程方面需进一步明确的问题？通过这样的问题清单，与教委做到明确规划、落实细节、及时补台。

在项目初期，深耕大屏少儿教育领域的东方明珠各平台，根据多年产品运营经验，为教委提供一系列注意事项，如全市公开课与平时教室授课相比，传播方式、范围，甚至对象都发生了根本性变化，需注意录制时的表达准确度、课件展示方式等问题，结合大屏在线教育以往遇到的内容问题案例，帮助教委快速部署到各区县，提前规避问题，提高课程录制效率。

在"空中课堂"开播后，更是积极关注内容方面的情况，及时

反馈问题的同时，也定期将容易出现的问题进行归类，分析总结经验后，与教委一起优化解决，进一步做好教委及老师们等上游方的服务。

另一方面，"空中课堂"的形式是百万中小学生同时上课，这要求各学校的老师、学生都能统一步调，同步观看。因此，在 2 月 18 日市政府新闻发布会发布"空中课堂"项目后，东方明珠各平台及运营商伙伴接到大量用户问询：怎么看？哪里看？收费吗？有回看吗？能投屏吗？外地怎么看？……针对用户的疑问，第一时间回应社会关切，发布《空中课堂使用指南》，图文并茂详尽地介绍了各终端的使用说明。同时，充分利用官网、微信公众号、微信服务号、微客服、客户热线等全渠道，一一回答用户的提问，并对其中出现频次较多的问题，两次整理发布《关于空中课堂的 Q&A》，方便用户查询解决问题。在开课后一段时间，家长们也陆续开始复工。在各渠道、各终端平台始终保持开机就能看到"空中课堂"，入口图片清晰明了，小学低年级也能一目了然轻松找到上课路径。

图 2　空中课堂——跨平台安全监控

（二）适度得当的"加减法"法则，确保项目运营精准高效

作为线下课程的线上展示，如何在践行"停课不停学"的同时，做到在学习安排上与校园学习生活同步，有一定的仪式感，在展现形式上又如何避免大部分家长担忧的用眼过度等问题呢？"空中课堂"在解决这类问题上，采用了适度的加减法原则，即"品质做加法，复杂度做减法"。

在课程编排上，尽量还原了学生在学校的一天生活，每天早上上课前10分钟，国歌声准时响起，中小学生在客厅里、书房中，观看升旗仪式，唱国歌。随后安排的广播操，让同学们既锻炼了身体，又保持了昂扬的学习精神。在全天的版面中，编排了上课提示、下课提示、眼保健操等一系列充满校园特色的视音频元素和内容，最大限度地让同学们身临其境，保障了学习的严肃性和仪式感。

在内容制作上，强调"品质加法"原则，始终强调"精益求精"。如针对小学和中学，根据不同的年龄段，设计风格不同的2套片头包装方案；在细节方面，小到每一个字体的大小、每一张素材图片的使用、每一段音乐的选取……制作团队都反复推敲，制作AB版供教委最终定夺。为达到教育的精准度，在眼保健操的录制过程中，制作团队更是请来多位专家现场把关，一个一个镜头抠细节，保障每个穴位都准确无误。制作团队每个成员秉持高度负责、精益求精的态度，在疫情期间坚持连续三周加班加点，确保节目制作圆满完成。

在每天的上学时间内，有将近300分钟的课间、午间休息时间，这类非课程时间如何安排？为了避免内容的喧宾夺主，并考虑到家长们担忧的学生视力问题，运用"减法原则"，即降低复杂度，

用最简洁的方式，让休息时间得到真正的"休息"。相关的时段以舒缓音乐配标版为主，避免了同学们大量时间花费在看电视上。当然，作为一个权威的传输平台，考虑到中小学生信源获取渠道及方式的有限性，在小学5个频道的午间时段，安排了10分钟的休闲时光，组织了以疫情防控科普为主、亲子运动和小学生经典朗诵欣赏为辅的优质内容，进一步做好科学防范方面的传播。

（三）紧密围绕用户需求，做好课程播出外的内容服务

"空中课堂"作为全网性的项目，用户遍及全国，收看方式多样，大小屏、网络化特征明显。如何让这些大小用户能收看方便，看得满意，是东方明珠各平台努力的方向。

1.收看：随时随地

"不专注，无产品"。考虑到用户每日收看的便捷性、回看节目用尽量少的步骤就能找到等需求，产品经理对方案一改再改，最终迭代了9个版本。而12个频道的节目编单在开课前进行了3轮测试，根据测试结果，更新了5版模板。

此外，考虑到有学生不能及时收看直播频道内容，或需要复习加强学习效果的需求，百视通、文广互动设计上线点播专区，按年级、按日期分类展示，并第一时间发布，学生当天晚上7点半就能通过点播观看当日所有课程。上海学籍学生如若因为疫情原因暂时无法返沪，还可通过BesTV App收看直播和点播课程。

2.收看：便捷直观

为进一步做好用户指引，确保内容播出准确，入库的每个年级的课程，都有年级、科目、单元、知识点、期数甚至版本等信息，

确保了节目被直播、点播各渠道调用时的准确性。但在对用户呈现界面上，12个频道每天上千条播出信息，如何呈现出简洁、直观的信息，让用户以最快速度进行节目挑选，成了被关注的细节。为此，根据简化、清晰、明确的原则，定下了课程对外呈现的标准要求，在日常保障200个常规频道节目单之余，全员上阵并快速建立空中课堂节目单"三审"流程机制，每天12路频道，按照呈现原则进行信息修正、优化和校对，确保节目单课程环节不错漏，授课时间不缺失，有课程信息严格做到清晰化、标准化。

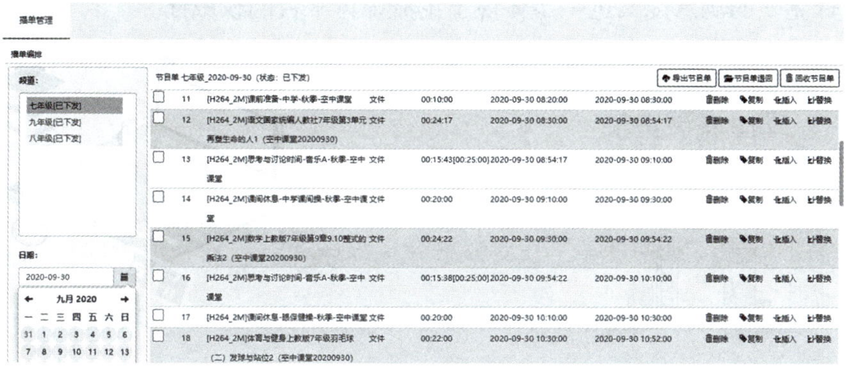

图3　空中课堂——节目单平台

三、主要成绩

在时间紧、任务重的压力下，上海电视台及东方明珠新媒体股份公司全力推动项目快速落地，在市广电局的鼎力支持下，东方明珠新媒体快速完成了12路中小学频道的申办报批工作，一个月内顺利完成了项目方案设计、基础内容生产储备、两次试播工作，3月2日，"空中课堂"正式开课。当天，通过东方明珠旗下东方有线、百视通 IPTV、BesTV App 等播出平台观看课程直播的学生数达 134.3 万，占到全市中小学生总数的 93.6%。可以说交出了一份令人满意的答卷。

电视媒体在非常时期的公共服务中，可以发挥巨大的作用。东方明珠作为上海的主流新媒体平台，在疫情期间，通过快速集结、妥善规划、精细运营等方式，向全市中小学生提供了便捷、流畅、稳定的"空中课堂"产品服务，有力地支撑了"停课不停学"的总体要求，进一步彰显了主流媒体平台的责任和担当。而公众对"空中课堂"的满意度又进一步体现了主流媒体平台的权威性。

四、发展前景

（一）"空中课堂"在媒体融合实践探索的意义

1. 广电企业立足电视，服务全网的能力得到进一步验证；

2. 广电行业服务定位从大众级向专业级拓展，电视屏从泛资讯、娱乐拓展至专业教育领域；

3. 广电行业服务类型从视听内容制作向垂直服务领域拓展，利用电视作为媒体融合转型的切入点，实现媒体与其他产业的密切联系和深度融合；

4. 广电行业抓住 5G 契机，利用大小屏联动构建媒体融合新模式，借助标签化智能运营，构建大屏观看、小屏服务，大小屏天然打通，联动融合新模式。

（二）后"空中课堂"时代的未来发展方向

1. 为形势变化随时做好准备，利用平台所积聚的顶级教育 IP 资源，加持后"空中课堂"项目，持续推出巩固同步教育、拓展综合素质的综合性在线教育产品，为未来每一个特殊时间节点或产品拐点做好充分的准备；

2. 为基础教育在线化、普及化做好储备与探索，让"空中课堂"融入每个家庭的日常生活，逐步实现上海至全国教育内容覆盖，教育资源共享，构筑起一个让老师、家长与孩子满意、信赖的在线教育平台；

3. 为广电大小屏媒体融合转型做好经验学习积累，通过传统媒体与新媒体融合路径探究，进一步开发完善大小屏的内容产品体系，有效地动广电向全媒体转型发展；

4. 从"广播"到"服务"转型做好试水，进一步构建，继续深化东方明珠对在线教育项目的运作与服务，为全平台在线用户提供集点播、直播、互动等特色内容于一身一站式大屏智能教育服务；

5. 为新技术的应用实践做好试验、储备，接轨新兴大小屏技术，陆续开发功能性、实用性与互动性的运营产品，满足智慧课堂、智慧教育、教育信息化的发展要求。

东方明珠新媒体股份有限公司

因势而谋　破圈创新

——山东广播电视台"五智融合"推动媒体融合迈向纵深

为深入贯彻落实习近平总书记关于媒体融合发展的一系列重要讲话和指示批示精神，按照中央和省委省政府关于加快推进媒体深度融合发展的要求，山东广播电视台融媒体资讯中心主动拥抱新技术，以建设发展闪电新闻为契机，实现由融媒体向"智媒体"转型，围绕传播的全链条，探索出了智云、智品、智传、智网、智库的"五智模式"，分别从内容生产、内容创意、内容传播、内容聚合和政务服务等方面出发，全面提升舆论引导能力。2020 年 12 月，被国家广电总局评为 2020 年全国广播电视媒体融合典型案例。

一、充分发挥内容优势——探索具有山东广电特色的融合之路

推动媒体融合向纵深发展，必须顺应移动化大趋势，在移动平台建设上有所作为。2017 年 1 月 11 日，山东广播电视台"闪电新闻"客户端正式上线。"闪电"是山东广电简称"山电"的谐音，代表着速度与力量。闪电新闻以直播和视频为特色，开设头条、时

政、评论等 30 多个特色栏目，是山东广电面向新媒体平台的旗舰产品。闪电新闻客户端重点打造的"闪电号"内容创作平台，目前已有 800 余个政务、媒体、机构、个人创作者入驻。

上线以来，闪电新闻客户端用户装机量稳步上升，截至 2021 年 1 月 31 日，用户累计下载量已突破 3700 万，在 40 余家聚合平台、短视频平台开通近百个账号，平台覆盖用户超 4.5 亿，影响力稳居山东媒体榜首。2020 年 3 月，被国家广电总局评为全国广播电视媒体融合成长项目。

闪电新闻客户端坚持原创为王、渠道为先，注重技术引领和驱动，围绕"直播""短视频"，强化内容核心竞争力，提升渠道分发能力、用户到达率，以内容优势赢得发展优势。闪电新闻客户端已发布直播超 11100 场次，年均编发稿件 30 万条，优质原创短视频 10 万余条，位居省级广电前列。在机构设置和组织架构上不断优化，通过探索加快"主力军"进军"主阵地"，一次采集、分类制作、定向推送、多屏分发，再造采编发流程。

二、增强创新创优活力——持续打造精品，构建主流媒体新生态

媒体融合效果如何必须用"精品"内容来检验。闪电新闻充分重视 H5、图解、动漫、访谈、评论等产品形态运用，通过整合多种融媒报道手段和方式，生产了一批"现象级"融合传播精品。

2019 年 3 月，山东广播电视台推出大型融媒体问政产品《问政山东》，闪电新闻开辟专区，打造"网络问政"平台，并通过 18 家

网络平台同步播出，成为推动山东工作落实的重要抓手和助推群众问题解决的重要渠道，生产了《李莎八问》等爆款短视频上百条，形成了舆论监督"山东现象"，并斩获中国新闻奖一等奖。

闪电新闻客户端重点打造的闪电视频品牌创新生产制作模式，拥有"闪电视频"工作室、短视频 MCN 孵化机构"Lightning TV"等先进生产方式和完整高效的传播链条，正朝着短视频产业化方向发展。闪电新闻抖音号粉丝突破 1200 万，点赞 5.7 亿；孵化的全媒体产品专栏"拾城记"团队出品的微纪录片《南阳岛上的放鹰人》入选国家广电总局 2019 年第二季度优秀国产纪录片。闪电 MCN Lightning TV 旗下汇集省台、区县及个人账号 122 个，涵盖热点资讯、民生事件、新闻热评等近十个垂直领域。截至 1 月 31 日，旗下账号短视频内容累计总播放量破 1531 亿，点赞 36.7 亿，粉丝破 7428 万，成为网上舆论引导的有力武器。

三、加速向智媒转型——破圈突围，全面提升舆论引导能力

推动媒体融合向纵深发展，必须顺应移动化大趋势，在移动平台建设上有所作为。当前，新一轮科技革命和产业变革正在重塑互联网行业生态和媒体发展格局，人工智能、5G 等新技术与媒体之间的融合已经成为新风口，对于打造具有强大影响力竞争力的新型主流媒体具有重要意义。

（一）智云：人机协同重构内容生产机制

抢抓机遇，从全省层面推动智慧广电建设，势在必行。2019 年

国庆节期间,齐鲁网、闪电新闻上线闪电新闻智能剪辑机器人、闪电指数数据新闻机器人、闪电新闻 AI 智能主播等基于人工智能的新功能,并应用于日常内容生产中。在新中国成立 70 周年、全国两会、抗击疫情等重大报道等赋能短视频生产,取得了良好的传播效果。齐鲁网、闪电新闻开设了 AI 闪电专栏,专栏粉丝数量突破 6 万,生产了 500 余个短视频,全网阅读突破 2000 万。2020 年 4 月,闪电新闻"AI+ 广电"融媒体资讯平台作为全国七大优秀案例之一,入选《中国智能媒体发展报告》;案例同年还入选国家广电总局视听新媒体蓝皮书《中国视听新媒体发展报告 2020》。

在 2020 年全国两会报道中,山东广播电视台通过 5G、AI、VR、H5 等前沿新技术的应用,打造 720 度沉浸式"云会场"、推出北京与济南同屏共振的"云访谈"、策划 24 小时不间断的"闪电大直播"、创新 AI 解读两会关键词……其中,北京演播室与济南演播室"同屏共振"、推出 15 期"云对话·两会大家谈"融媒体节目,邀请代表委员、专家与主持人隔空互动,就脱贫攻坚、全面小康、疫情防控常态化、"六稳六保"等热点话题与网友交流。

图 1　山东广播电视台 5G+VR 直播

图2　山东广播电视台720度沉浸式"云会场"

2020年9月，大型交响音乐会《黄河入海》在山东济南精彩上演，闪电新闻客户端大胆探索，成为全国首家网络直播实现5G+4K+5.1杜比环绕立体声＋手机投屏的新闻客户端。在进行高清、4K直播的同时，当晚快速推出中视频近20条，宣传交响乐的文化内涵，呈现出新时代的山东气派和山东品格。激昂新时代交响，嘹亮新黄河乐章。山东广播电视台首次使用亮相的5G+4K全IP超高清转播车，并在近20个讯道中大量使用轨道机器人、顶置伸缩天眼等特种转播设备，闪电新闻将具有广电特色、专业水准、先进水平、大咖云集的大型文艺节目和长视频进行中视频化传播，广大网友足不出户尽享极致视听盛宴，在指尖不断让黄河文化活起来、热起来、传开去。

图 3　山东广播电视台全球直播大型交响乐《黄河入海》

图 4　山东广播电视台 5G+4K+ 全 IP 超高清旗舰转播车

（二）智品："秀"出主流媒体"年轻态"

山东广播电视台融媒体资讯中心鼓励培育发现"最强大脑"，创意产品层出不穷。10 月 22 日，2020 年山东省网络视听（短视频）基地评审结果揭晓，山东广播电视台榜上有名，成功入围短视频内容生产传播类基地。经过几年的融合探索，由山东广播电视台闪电新闻客户端重磅打造的"闪电视频"已在行业内树立了品牌，内部成立了闪电视频工作室，视频内容 IP 化垂直化打造了多个视频专栏，包括主账号"闪电视频"，垂直类账号"午 FUN 时间""房探来了""闪电触角""闪电地评线"等十余个账号，实现跨"介"跨"界"融合。在超亿次点击量爆款层出不穷的同时，还推出了系列年轻态的优质纪录片，《南阳岛上的放鹰人》《雨林深处的青春》入选国家广电总局 2019 年第二季度优秀国产纪录片；大型融媒体故事秀《传家宝里的新中国》获评国家广电总局 2019 年度广播电视创新创优节目、入围第 26 届电视文艺"星光奖"。

此外，闪电新闻依托山东广播电视台县级融媒体中心省级技术平台优势，盘活视频资源，不断提升视频内容的生产与分发能力，形成了层次丰富、生动活泼、多元一体的全媒体传播新格局。10 月 23 日，2020 年度"我们的小康"优秀短视频评选结果出炉。"我们的小康"山东省区县融媒联动实训报道行动是由融媒体资讯中心发起，山东省新媒体工作委员会支持，山东融媒培训具体承办的一次专题性培训活动，旨在通过以干代训的方式，提高区县融媒专业技能水平。活动自 9 月初启动以来，吸引了 80 多家县级融媒体参与，150 多件参赛视频作品在镜头拍摄、剪辑制作、创意等各方面更是可圈可点。

在交互产品供给方面，闪电新闻更是脑洞大开。2020 年以来，先后推出"改革攻坚看山东""山东六保在行动""双招双引看实效""山东与世界 500 强连线""高端智库调研山东行""中国梦·黄河情——黄河流域生态保护和高质量发展""保护母亲河打造幸福河""莱西会议三十年""齐鲁大工匠""山东优秀兵支书""纪念中国人民志愿军抗美援朝出国作战 70 周年——致敬最可爱的人""第二届儒商大会暨青企峰会"等系列融媒体专题专栏，制作 H5、"一图读懂""闪电头评"等新媒体产品 500 余条。《庚子群英战疫记》更是成为现象级爆款产品。截至目前，共有 93 件作品被中央网信办全网推送，占全省被推荐网评作品的 60% 左右，推送数量、质量在国家重点新闻网站名列前茅。

（三）智传：做最懂山东人的"闪电算法"

从 2018 年开始，闪电新闻技术逻辑由"订阅式"的用户搜索模式升级为"账号式"的内容流算法推荐模式。既坚守了主流价值观导向又坚固了用户个性诉求，既避免"信息茧房"将用户知识体系捆缚，又能通过推荐来优化用户阅读结构。同时，通过个性化推送以及矩阵协同、智能分发等传播探索，通过区县融媒、商业平台的联动，实现了网上网下、线上线下的多层次人群覆盖。

技术开发独立自主，截至 2021 年 1 月，闪电新闻客户端共升级 30 多个版本，仅 2020 年就新增小黄车、海报分享、智能搜索、主题 UI、弹幕互动、闪电热榜等 30 多项主功能，新开推荐频道、战"疫"频道、党建频道、智库频道、24 小时轮播台、16 市领导活动报道集等。还与百度签署战略合作协议，揭牌成立"山东广播电视台 & 百度智慧媒体实验室"。可以说，最懂山东人的算法——"闪电算法"已经深入人心。

（四）智网：跨屏传播，矩阵联动"奥利给"

坚持全国一盘棋、全省"一朵云"，闪电新闻致力于打造全国领先的平台型新媒体。以构建开放平台为载体，聚合专业领域优质内容创作者力量，面向全台记者、编辑开放生产；面向全省各级媒体机构、媒体人开放；面向省内机构的各级党政机关、企事业单位开放服务。目前，正在探索联合今日头条、百度等，将来还会对更多的全国垂类达人开放、对全国各类机构进行开放，通过这些，闪电新闻将构建一个超越省界的全新内容生态体系，对时政、财经、体育、房产、教育、健康、文娱等各个垂直领域集纳推荐展示，通过聚合社会力量，吸引用户参与新闻信息生产传播，不断增强创新创优活力，做大做强主流舆论宣传。

值得一提的是，疫情期间，与长江云等12家主流新媒体共同创建了区块链新闻编辑部，联动策划已成为日常生产常态。在辐射网上，区县融媒力量不可或缺更不可估量。目前，在全省136个区县中已完成135家区县融媒体平台建设，与闪电新闻打通新闻、用户、数据，通过高效的互通协作，探索形成了"一云多厨房"的全网内容传播生态，高标准建设促实战、联动机制求实用、互动评优机制更科学、多渠道分发重实效。

（五）智库：政务商务服务"最强大脑"

山东广播电视台创新推出闪电智库，在政务智库、城市智库、品牌智库和行业智库等方面积极突围，搭建智库服务中台，提供丰富多样的智库服务。

图5　闪电智库产品发布会

2020 年重磅推出的"高端智库看山东""十四五"规划调研行，邀请近 80 位高端智库专家，走进济南、菏泽、德州、烟台四个城市进行实地调研，为山东高质量发展把脉问诊。活动呈现出立意高、规格高、水平高、影响力大等"三高一大"的特点，得到了省委主要领导同志的批示肯定。2021 年将把"高端智库看山东"作为闪电智库的一个 IP，重点打造，并在规模、规格和实效上进一步提质升级。

图 6 "高端智库看山东"调研行

"十四五"时期是山东实现"走在前列 全面开创"目标任务的关键时期。今后，闪电新闻客户端将通过内容创新、技术创新、渠道创新，以"五智融合"为依托，进一步强化先进技术创新引领，加快推进媒体深度融合发展，不断提升传播力、引导力、影响力、公信力，助力山东经济社会实现高质量发展。

山东广播电视台

金鹰卡通 + 麦咭 TV 融媒纵横，亲子顶牛！

一、单位基本情况

"亲亲宝贝，美美家庭"的金鹰卡通卫视，是中国亲子电视第一品牌。金鹰卡通卫视 2004 年 10 月 30 日开播，2015 年 6 月底节目全面实现高标清同播，成为全国第一家高清卡通卫视，现已成功覆盖 31 个省级行政单位，覆盖人口超过 10 亿。湖南金鹰卡通传媒有限公司是全国首批重点动漫企业、国家动画产业基地、国家动漫游戏产业振兴基地传播及原创制作中心、湖南省动漫游戏协会会长单位。

专属亲子的网络平台麦咭 TV 由金鹰卡通响应媒体融合号召重磅推出，定位亲子生活 App，以"记录、守护、成长"为发展理念，以亲子节目、动漫视频为核心，同时建立国学、故事、育儿、儿歌、百科、英语、课堂等知识教育频道和短视频萌娃秀、商城板块，为亲子家庭实现"看、秀、学、淘"一站式服务。麦咭 TV 自上线以来，更新迭代快速，不断推进媒体融合创新，履行传播优秀文化，服务亲子家庭的社会责任，迅速成为具有广电特色的标杆亲子产品，陪伴亿万亲子家庭共同成长。

二、创新做法

习近平总书记在党的新闻舆论工作座谈会上这样强调，要推动融合发展，主动借助新媒体传播优势；要尽快从相"加"阶段迈向相"融"阶段，着力打造一批新型主流媒体。金鹰卡通作为专业的亲子媒体，积极响应媒体融合号召，于 2019 年 9 月，顺势而为推出了麦咭 TV，目标是把麦咭 TV 建设成专属亲子的第一网络平台！

湖南金鹰卡通传媒有限公司既有金鹰卡通卫视电视媒体，又有麦咭 TV 新媒体视频网络平台，手机、Pad、PC、电视智能有线端、IPTV 端、OTT 端等各类智能终端全面覆盖，全力打造金鹰卡通 + 麦咭 TV 融合发展，亲子内容共享融合，传播效果 1+1 > 2！

（一）内容创新

金鹰卡通"举旗帜、聚民心、育新人、兴文化、展形象"，将意识形态建设从娃娃抓起，落实到所有亲子节目与原创动画内容创作中，持续突破创新，把履行责任、正能量引导作为内容创作的底线要求。2020 年，金鹰卡通共推出 8 档季播节目、5 档常规节目及 1 部大型原创动画，屡次拿下省级卫视收视第一！

麦咭 TV 与金鹰卡通亲子内容共享融合，秉持科技创新与文化传承并重，充分发挥新媒体传播优势，针对金鹰卡通优质亲子节目内容与亲子传播人群，以创新大小屏互动为亮点，坚持内容为王，"看、秀、学、淘"四大优质板块强势出击，弘扬健康向上的亲子正能量。

麦咭 TV 有五大宝：麦咭 TV 第一宝，亲子节目看个饱。麦咭 TV 是金鹰卡通所有亲子节目与自制动画的官方放送平台，金鹰卡通自制热门动画片《23号牛乃唐》第一季，麦咭 TV 更是网络首播！目前，金鹰卡通和麦咭 TV 联合原创节目《细说国宝》，已在麦咭 TV 迎来热播，《麦咭和他的朋友们》也将在 2021 年爆款上线！除了亲子内容共享，麦咭 TV 更是深度结合金鹰卡通大屏内容，创新打造各类"大屏＋小屏"高燃互动，双引擎融合驱动亲子传播力，为用户实现多维度 5D 放送，参与麦咭 TV 节目互动的用户更有机会参与金鹰卡通节目录制，圆梦童年！

麦咭 TV 第二宝，萌娃开心秀不停。麦咭 TV 重磅打造全国首个"晒娃上电视"的特色亲子短视频板块"萌娃秀"，让亲子家庭记录成长美好的每一刻。用户生产的优质短视频内容将在金鹰卡通节目中得到播出展示，现已有超百位萌娃 KOL 入驻。麦咭 TV 还创新推出系列可以让孩子们表演的秀活动，如亲子爱心秀《与爱童行 湖北加油》、宝贝才艺秀《跳舞吧！少年》等。其中，《跳舞吧！少年》更是打造成为金鹰卡通＋麦咭 TV 大型双屏季播节目，《开麦吧！小主播》《中国新声代》等优质内容也将陆续推出，让金鹰卡通与麦咭 TV 台网融合成为常态化、模式化、制度化。

麦咭 TV 第三宝，内容丰富学习好。麦咭 TV 开设有国学、故事、育儿、儿歌、百科、英语、课堂等七个学习频道，汇聚全网 80% 以上的非独家教育内容，借助互联网传播优势自制轻知识教育内容，让孩子每天打卡成长。

麦咭 TV 第四宝，亲子好物淘个够。麦咭 TV 商城专业打造母婴、亲子的垂直类平台，金鹰卡通麦咭智能周边等各类亲子优选好物都可一键带回家。

麦咭 TV 第五宝，变小变大随时有。小到手机、Pad，大到电脑、PC 端、电视智能有线端、IPTV 端、OTT 端，都可以调到麦咕TV。

麦咕 TV 与金鹰卡通内容共享融合，"看、秀、学、淘"四大优质板块创新出击、应有尽有，深受亲子家庭喜爱！

（二）组织架构创新

金鹰卡通不仅为麦咕 TV 和金鹰卡通融合发展提供充足的资金支持与内容支持，组织架构上更是合二为一，全面打通。2020 年金鹰卡通卫视播出的动画剧场全部进入全国同类剧场收视排名前十，

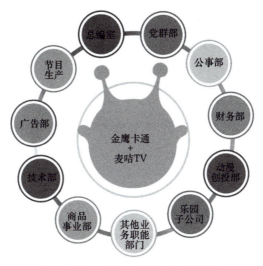

图 1　麦咕 TV 和金鹰卡通组织架构

金鹰卡通总编室将金鹰卡通大屏端精品动画资源同步洽谈引入麦咕 TV 动漫频道，不断丰富麦咕 TV 优质动画内容生态。金鹰卡通各节目团队与麦咕 TV 内容团队群策群力，共同策划大小屏节目内容，如《跳舞吧！少年》《开麦吧！小主播》等。金鹰卡通广告部成立专门的麦咕 TV 广告业务小组，全面承接与拓展麦咕 TV 新媒体广告相关业务。金鹰卡通技术部负责麦咕 TV IPTV、OTT 等大屏端业务，

麦咭 TV 提供技术管理后台。金鹰卡通商品事业部研发的各类麦咭衍生商品，麦咭 TV 商城均有热卖，麦咭 TV 更将成为所有麦咭智能衍生商品的操作后台。不仅如此，金鹰卡通的党群部、公事部、财务部、动漫创投部、乐园子公司等业务职能部门同样也是麦咭 TV 的业务职能部门，实现高效协同，共同推进媒体融合业务快速发展。

在融合发展之路上，金鹰卡通与麦咭 TV 持续积极探索、开拓创新，受到了湖南广播电视局、湖南广播影视集团的大力支持，同时，也受到了政府的鼓励。2019 年，麦咭 TV 受到长沙市委宣传部推荐，获得长沙市文化产业发展专项资金支持；受到湖南省委宣传部推荐，获得湖南省移动互联网产业发展专项资金支持，且均被列为重点项目。

（三）科技创新

2020 年，麦咭 TV 自主研发技术专利 5 项：动态化布局系统技术专利、动态化布局方法以及系统技术专利、一种应用程序 App 的客户端微服务架构技术专利、移动端板块动态配置技术专利、账号体系管理及数据同步技术专利。通过这些技术专利，麦咭 TV 在内容、技术、渠道上都取得了快速的发展。

三、典型实例

金鹰卡通与麦咭 TV 始终把握正确导向，坚持党对媒体融合发展工作的领导，牢固树立一体化发展观念，加强规划统筹和资源整合，持续创新台网双屏互动模式，坚持生产优质内容，不断增强主流媒体信息内容传播力、影响力与竞争力，典型实例归纳如下：

（一）《23号牛乃唐》

第一季是金鹰卡通重磅推出的大型原创动画，讲述了阳光中等生女孩牛乃唐的成长故事，是国内不多见的现实学生题材动画片，走进了万千家庭，播出同时段收视稳居省级卫视第一，麦咭TV更是全网首播。

《23号牛乃唐》动画配音秀是麦咭TV联动金鹰卡通原创动画《23号牛乃唐》推出的深度动画衍生互动，深受粉丝们的喜爱，迅速收到用户配音作品累计10万余条，获赞累计超200万次，更是打通金鹰卡通大屏，在互动期间麦咭TV配音秀用户成功登陆金鹰卡通卫视参与节目录制。

图2 《23号牛乃唐》动画配音秀

（二）《疯狂的麦咭》

《疯狂的麦咭》是金鹰卡通亲子益智历险闯关节目，嘉宾和萌娃用勇气和智慧携手闯关，解锁新知识，团结赢宝藏，是金鹰卡通王牌节目，麦咭 TV 官方网络放送。

《疯狂的麦咭》同步答题互动是麦咭 TV 创新推出的大小屏同步沉浸式答题互动，在电视节目播出期间实时开启，让用户与节目嘉宾同步答题闯关，夺石像、开宝箱、涨知识、赢大奖。其中全景模式真实还原节目实景关卡，是全国首创的全景互动新体验，更有弹幕功能让用户互动讨论，已有近 20 万用户参与答题。

图 3　《疯狂的麦咭》同步答题互动

（三）《龙的传人》

《龙的传人》是金鹰卡通全国首档亲子国学传承节目，"国学小将"们比成语、说诗词，机智交锋，以文会友给孩子们带来一场"跃层向上"的国学攀登之旅。微博视频转发量超 2 万，累计阅读量破亿，"百家姓飞花令"登顶抖音热搜 Top1，播放量超 6000 万，火爆全网，麦咭 TV 官方网络放送。

《龙的传人》国学闯关互动是麦咭 TV 推出的线上益智国学互动，将成语诗词与闯关互动巧妙地结合，提升用户国学知识储备。大屏小屏紧密联动，选送互动积分排名靠前的用户成为《龙的传人》，"百人小书童"参与节目录制，让孩子跟随国学小将一起学国学、长知识，已有 10 万用户深度体验。

图 4　《龙的传人》国学闯关互动

（四）《跳舞吧！少年》

《跳舞吧！少年》是中国首档少儿舞蹈双屏季播节目，聚焦全国不同地区、不同舞种、不同年龄的优秀少儿舞者，传播舞蹈艺术的魅力和文化，彰显新时代少儿舞者的青春能量，是麦咭 TV 与金鹰卡通在媒体融合上的全新探索。

《跳舞吧！少年》海搜活动由麦咭 TV 组织发起，落地端十城联动，多渠道海搜，实现产品种草体验；移动端麦咭 TV 实现节目互动、用户交互；大屏端金鹰卡通内容创意、IP 打造；再到金鹰卡通＋麦咭 TV 双平台播出，边看边互动，制造全民话题。落地端、移动端、大屏端三端联动，营销、渠道、内容深度融合，打造亲子顶流。

图 5　《跳舞吧！少年》海搜活动

（五）《与爱童行 湖北加油》

《与爱童行 湖北加油》是 2020 年抗疫期间金鹰卡通携手麦咕 TV 创新推出的亲子爱心秀活动，旨在为全国人民战胜疫情提振信心，传递正能量，更是全国新媒体平台中唯一一个亲子爱心秀，全国有 23 万亲子家庭接力加油，麦咕 TV 将用户优质视频包装制作成系列抗疫宣传片在金鹰卡通卫视宣传播出。该活动引发强烈社会共鸣，起到了积极的行业影响和社会影响，受到国家广电总局肯定，并在湖南省文化厅举办的湖南文旅战"疫"活动中获评优秀活动。

图 6 《与爱童行 湖北加油》亲子爱心秀

金鹰卡通与麦咭 TV 积极探索传统媒体与新兴媒体融合发展的共赢模式，纵深多场景触达亲子家庭，持续扩容融媒体影响力，引领融媒体传播风向。

四、突出成绩

2020 年湖南金鹰卡通传媒有限公司努力摆脱新冠肺炎疫情带来的负面影响，紧紧围绕亲子力，多层深耕，融媒纵横，做亲子顶牛！金鹰卡通卫视持续守垒中国亲子卫视第一平台，2020 年推出了《疯狂的麦咭 7》《爱上幼儿园 5》等 8 档季播节目、《超能一家人》等 5 档常规节目及大型原创动画《23 号牛乃唐》，叫好又叫座，口碑收视大满贯，实力圈粉中国 10 亿亲子观众。2020 年金鹰卡通卫视全国网收视居全国同类卫视第一，省级卫视第二，所有频道第七！

2020 年是麦咭 TV 上线运营元年，麦咭 TV 用户数月平均增长率 30.82%，发达沿海城市用户占比 47.9%，其中家长用户占 50% 以上；截至 2020 年 12 月，麦咭 TV 用户数超 600 万，下载量超 1700 万，是典型的具有广电特色的专属亲子的网络平台。此外，麦咭 TV 也积极推进海外发行，在新加坡、马来西亚、泰国、印度尼西亚等"一带一路"沿线华人较多的国家较为活跃，其中，在泰国儿童类应用榜单最高排名第二十七。麦咭 TV 关于中国亲子文化内容的输出，对海外国家华裔子女的教育产生了积极深远的影响，极大增强了海外华裔亲子家庭的民族认同感，让中国亲子文化"走出去"。

2020 年，金鹰卡通与麦咭 TV 在媒体融合领域持续积极探索、开拓创新，在国家广播电视总局启动的全国广播电视媒体融合先导单位、典型案例、成长项目征集评选活动中，获得全国广播电视媒体融合典型案例。

五、发展前景

随着中国二孩时代的来临，亲子娱乐内容市场迸发出更加蓬勃的需求，金鹰卡通与麦咭 TV 秉持着"保存量、做增量"的发展理念，积极推进台网融合，输出健康向上的亲子视频内容，普及优秀传统文化知识，弘扬积极向上的亲子正能量。严格把关平台内容审核机制，为亿万中国家庭和海外华人家庭树立正确价值观，做好思想领航，陪伴亲子家庭共同成长，金鹰卡通与麦咭 TV 起到了亲子平台领域的行业表率作用。

未来，金鹰卡通将不断创新，继续领跑中国亲子市场，融媒延伸，横向建设"金鹰卡通卫视 + 麦咭 TV+ 品推和 MCN 矩阵"三个亲子平台，持续拓宽融媒发展布局，多场景精准触达亲子家庭受众；长尾深挖，纵向拓展"动漫创投 + 衍生产品 + 乐园"三个产业板块，继续拓展亲子经营渠道与市场，进一步扩大亲子产业经营创收。麦咭 TV 将持续发力互联网垂直领域，致力于建设第一亲子生活平台，做足亲子"看"的文章，继续官方放送金鹰卡通节目、联合金鹰卡通共同打造优质亲子节目，也会尝试自制亲子节目；继续做好亲子家庭"秀"出美好的成长记录，加速家长 KOL、萌娃 KOL 共同入驻，高品质推出《开麦吧！小主播》《中国新声代》等才艺秀活动，产出爆款短视频内容；"学"的板块持续扩容全网优质教育内容，另外集结全国优质少儿培训资源，提高服务水准，打造新的服务收费模式；加大商户的引入力度，丰富商品品类，创新开学季、儿童节、暑期购等自有营销活动，将亲子"淘"的版块做精做专；围绕科技创新，结合 5G 商用、人工智能及大数据的落地应用，为用户带来更加愉悦的使用体验，创造新的商业价值。

　　永葆童心去造梦，金鹰卡通与麦咭 TV 将铆足干劲，勠力前行，履行传播优秀文化，服务美好亲子家庭的社会责任，在陪伴孩子们健康、快乐成长的同时，不断提升中国亲子文化在国内外的传播力、引导力、影响力与公信力，做中国亲子文化向世界传播的名片，多圈开拓，多层深耕，融媒纵横，亲子顶流。

湖南金鹰卡通传媒有限公司

融媒体工作室：走在前列的融合机制创新

近年来，安徽广播电视台以"打造新型主流媒体，重返卫视第一方阵"为目标，制定"大中心、大融合、企业化管理"转型路径，把融媒体工作室作为全台媒体融合三大重点工作推进，探索全媒体时代跨部门、跨媒介、跨专业的融合内容生产运营机制。一年多来，融媒体工作室在用户规模、内容流量、主题宣传、融媒收入等方面取得显著成效，在业内产生较大影响。中央广播电视总台专题调研，多家兄弟省台联系取经。该项工作入选 2019 年度安徽省宣传思想文化工作创新范例，是全省 9 个范例之一，也是省直新闻单位唯一获选项目。作为安徽省唯一项目，获评国家广电总局"2020 年全国广播电视媒体融合典型案例"。

一、领跑起点，在全国广电台中率先规模化组织创建

2019 年 4 月，安徽广播电视台发动全台各部门力量，鼓励员工根据爱好、特长自由组合团队创办融媒体工作室，发展了 65 家融媒体工作室进行首批培育，是全国规模化发展融媒体工作室最早的广电台。2020 年 9 月，评出 19 家三星级以上称号的工作室，同步新成立了 29 个工作室。目前，正常运转工作室规模扩大到 75 家。

融媒体工作室专注于专业化、垂直化小屏内容的生产与传播，分部门工作室和个人工作室两类，强调跨部门、跨行业、跨媒介合作，注重内容细分、受众细分、渠道细分和精准传播，涵盖新闻、理论、科普、法制、教育、农业、文化、医疗、美食、休闲、娱乐等各细分垂直门类；全台工作室团队总人数超过 300 人，覆盖频率频道、制作播控、广告经营等多数部门，具有广泛的群众基础。

图 1　安徽广播电视台融媒体工作室工作环境

二、直击痛点，针对传统媒体现状形成体系化机制创新

融媒体工作室是新生事物，无现成经验可循。一年多来，安徽广播电视台着眼高质量发展目标，针对行业痛点、融合难点，通过对人才的"放权"与激励，突破现行体制的用人、分配等固化机制束缚，创造性地构建了一套符合台情的政策与服务体系。

（一）构建了全面激励的政策体系

制定了《关于大力促进融媒体工作室发展的管理办法》《推进融

媒体工作室高质量发展的十项措施》《融媒体作品评奖细则》《融媒体工作室年度考核方案》等系列文件，形成"1+3"的制度体系。从工作目标、总体要求、享有权利、激励政策、组织保障等八大方面，全方位构建了发展融媒体工作室政策体系和工作机制。主要有三个机制：

一是放权激活机制。赋予每个工作室"四个权"——选人用人权、自主运营权、资金支配权、资源使用权，明确部门和个人两类工作室各自的责、权、利，以及培育期与正式运营期不同的利润分成政策。

二是头部培育机制。开展年度考核与评星活动，对工作室进行社会效益和经济效益"双效"考核，评出有发展潜力、内容属性突出的三星级以上工作室进行重点扶持，允许五星级工作室专职运营，倡导和鼓励工作室进行同类合并和整合。

三是动态倒逼机制。对年度考核不合格的，予以淘汰退出；同时启动新增工作室的申报立项工作；根据业务需要和方案成熟度，及时启动台内空缺且有发展前景的工作室申报立项工作。

图2 安徽广播电视台融媒体工作室

（二）构建了全台动员的支撑体系

不打破现有组织架构，搭建由 11 个职能部门担当的"一中心 三平台"，即融媒体工作室服务中心以及管理、技术、运营三个服务平台，降低组织复杂度，提升服务效率；明确各有关部门的责任分工，列出重点保障工作及长期制度性工作任务清单；建立日常沟通机制，由服务中心（总编室）搭建工作室负责人与"一中心 三平台"部门联系人的线上信息互通平台；通过抓过程管理、业务培训、作品创优、硬件配套、商业孵化，汇编工作手册，多措并举，助力工作室又好又快地发展。

三、频现亮点，取得了全国领先的排浪化运营业绩

通过构建两个体系，激活内部机制，充分激发了一线人员创新创造活力，一年多来，融媒体工作室在用户规模、内容流量、主题宣传、融媒收入等方面均取得了较为显著的成绩。

（一）用户规模持续扩大

在各大平台开设账号数百个，总粉丝量超 7000 万，形成了覆盖庞大用户的账号矩阵。其中，向前冲工作室运营的账号累计覆盖用户超 1000 万，奇妙海豚君工作室运营的账号累计覆盖用户 916 万，时间君工作室运营的账号省内总粉丝量超 500 万。

（二）内容流量快速增长

在各平台年度总发稿数 30 余万条，10 万＋的总条数 5000 多条。其中，急先锋工作室微信公众号阅读量 10 万＋推文 230 篇、抖

音平台浏览量 100 万＋的作品数量 150 个；理响新时代工作室在快手平台上发起三大打卡话题，征集到 25 余万条短视频，累计播放量超 22 亿；法治时空工作室图文视频总浏览量破 5 亿；赫兹工作室原创融媒体产品全网浏览量破 2 亿。

（三）重大主题宣传强劲发声

各融媒体工作室组织化、集中性参加全国两会、抗击疫情、复工复产、脱贫攻坚等重大主题宣传。特别是在 2020 年一季度新冠肺炎疫情突发期间，各工作室强力发声，"准、快、新、暖"地做好宣传引导，有效发挥舆论宣传阵地作用，累计发布作品 57000 多件，10 万＋融媒体作品 900 多件。其中，《连线安徽医疗队：带领患者跳广场舞的安徽医生小哥》等作品网络播放量均在千万以上。

（四）融媒收入稳步提升

通过流量分成、原生广告、电商、知识付费、版权输出、移动直播等业务积极创收。探索多元变现路径，形成各自特色的营收模式。其中，嘻哈搜货工作室依托广播节目直播引流、社群沉淀带货，年创收 2600 万元；急先锋工作室结合安徽交广延伸活动，衍生服务，实现创收 450 万元；时间君工作室依托安徽经视《第一时间》栏目运营各类账号，开展移动直播，创收突破 300 万元；优乐宝工作室探索知识分享付费模式，"U 读"项目上线一年时间，销售额突破 50 万元、吸纳广告突破 50 万元。

（五）新媒体全国排位名列前茅

急先锋工作室微信公号排名中国微信 500 强第 14 位、中国广播微信 2 强、中国民生微信 4 强，奇妙海豚君工作室快手号排名影视娱乐榜全国第 15 名、抖音号位列全国媒体榜第 7 位，嘻哈搜货获中国融媒创新发展品牌十佳（2019 年度），安徽卫视明星主播工作室王小川（抖音号：王小川 284 万粉丝）目前在全国广电新媒体红人榜Top100 强中稳居前三。

四、突破拐点，当好媒体融合一体化发展尖兵

近年来，短视频、知识付费、直播带货等新媒体业态迅速崛起，对传统广电冲击巨大，广电媒体普遍面临创收下行、人才流失、体制掣肘等发展困难，归根结底是现有体制机制已无法适应新变化新要求。融媒体工作室的出现是媒体内容作为创意产品，满足用户多元细分的消费需求、灵活机动推出新品的需要，有利于激活媒体内部生产力，提升媒体核心竞争力，培养"一专多能"的全媒体人才，从而能与体制外的市场主体进行相对公平的竞争。以融媒体工作室作为融合改革的点上突破，是目前最为现实的选择之一。

图 3　安徽广播电视台融媒体工作室的生产制作区

安徽广播电视台发展融媒体工作室的实践探索，经验可复制，做法可推广，具有全行业典型示范的重要意义。

日前，安徽广播电视台正以获评全国典型案例为新的起点，把融媒体工作室高质量发展作为推进媒体深度融合的重要抓手，进一步完善激励机制，加强资源扶持，加大商业孵化，升级打造融媒体工作室 2.0 版，大幅提升融媒体工作室内容原创能力、信息聚合能力、市场运营能力和技术引领能力，重点培育扶持一批在全国叫得响、双效显著的头部工作室，把融媒体工作室打造成为推进媒体深度融合的主力军。

安徽广播电视台

贵州省广播电视信息网络股份有限公司
"一云双网、一主三用"智慧广电建设项目

一、基本情况

"中国（贵州）智慧广电综合试验区"以习近平新时代中国特色社会主义思想和党的十九大精神为指导，认真贯彻落实党中央、国务院关于建设网络强国、数字中国、乡村振兴、数字经济、智慧社会等重大战略部署及国家广电总局《关于促进智慧广电发展的指导意见》的精神要求，牢固树立创新、协调、绿色、开放、共享的发展理念，结合贵州大扶贫、大数据、大生态战略行动和数字经济建设实际，以推进广播电视高质量发展为主线，以深化广播电视与新一代信息技术融合创新为重点，宏观统筹智慧广电综合性、示范性、引领性建设的先行先试。

"中国（贵州）智慧广电综合试验区"主要包括智慧广电制播能力、智慧广电传播能力、智慧广电服务能力、智慧广电安全保障能力和智慧广电创新能力建设五个方面。通过推进贵州智慧广电综合试验区的建设，推动智慧广电与社会各行各业的深度融合，提升政

府治理能力，促进智慧社会建设，引领产业转型升级，让智慧广电发展成果惠及广大人民群众。

二、创新工作及其成效

"中国（贵州）智慧广电综合试验区"建设引入云计算、大数据、物联网、4K 超高清、5G、IPv6、人工智能等新一代信息技术，促进广播电视在内容制作、分发传播、基础网络、服务能力、安全监管以及运行管理等方面的智慧化发展，推动建设布局合理、特色鲜明、形态多样、功能完备、可持续发展的智慧广电新生态，全面提升广播电视智慧化生产、智慧化传播、智慧化服务和智慧化监管的能力。同步推进广电 5G 建设和全国有线电视网络整合，加快推动广播电视与移动通信交互融合，将广电网络建设成国家信息基础设施和战略资源的重要部分，巩固发展广播电视宣传思想文化主阵地，促进广电与各行各业深度融合，不断创新服务业态和方式，重塑广电传播格局，为智慧社会建设提供有力支撑。

"中国（贵州）智慧广电综合试验区"围绕省委省政府的中心工作，着力构建"一云双网、一主三用"的智慧广电新体系，助力贵州数字经济加快发展。"一云"即建设多彩贵州"广电云"，实现内容、服务、资源云化供给。构建了广电云大数据中心，推动全省政务数据和功能应用以及全行业数据的"聚通用"；"双网"即打造省、市、县、乡、村五级全程全网覆盖广电光纤网，以及宽带窄带、5G、无线融合网；"一主"即强化主责主业，巩固发展广播电视宣传思想文化主阵地、主渠道作用；"三用"即构建政用、民用、商用智慧广电生态链。

目前已与 30 个市县政府、省直厅局和企事业单位签署战略合作协议，并在政用、民用、商用等方面开展了以下工作，取得了一定成效。

（一）"云上贵州"广电节点

广电网络已纳入省大数据"一云、一网、一平台"的广电节点，为党政机关、企事业单位提供云储存、云计算、数据分析等服务。

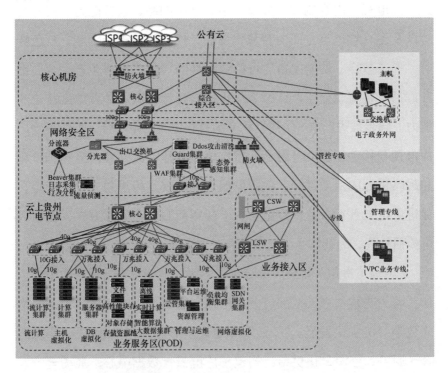

图 1 "云上贵州"广电节点

（二）电子政务外网

利用全省通村光纤网络率先在全国实现省、市、县、乡、村五级电子政务外网的全覆盖，已于 2019 年 12 月全部开通。

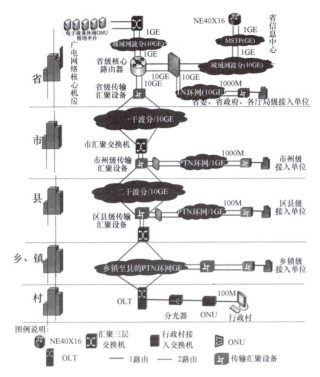

图2 电子政务外网架构

（三）雪亮工程

累计建成视频监控点位8万个，实现了乡村实时监控、一键报警、群防群治，在"平安贵州"建设中发挥了重要作用。

图3 雪亮工程平台界面

（四）新时代学习大讲堂

已建成省、市、县三级视频分会场 144 个，全省乡镇、村级视频会议点达到 1.8 万个，开展专题培训近 300 期。

图 4　新时代学习大讲堂学习界面

（五）应急广播系统

建成覆盖 47 个县 4300 多个行政村共 4.3 万个点位的应急广播系统，可收听群众达到 1300 多万人，在新冠肺炎疫情防控工作中发挥了重大作用。

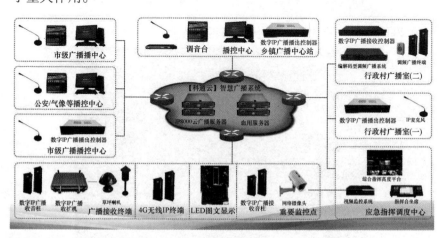

图 5　应急广播系统

（六）窄带物联网

已完成覆盖所有市（州）城区的 1000 多座基站建设，建成全国最大的 LoRa 窄带物联网络，实现全省无线燃气用户覆盖 40 万户，完成地质灾害监测、水文监测、少数民族村寨智慧消防建设。

图 6　物联网平台

（七）"阳光校园·智慧教育"

在 2020 年新冠肺炎疫情防控期间，免费开通"阳光校园·空中黔课"，确保全省中小学生"离校不离教，停课不停学"，近 500 万中小学生通过广电网络收看"空中黔课"，得到了省教育厅的肯定和学生、家长、老师的好评。

（八）远程医疗问诊系统

已完成 1500 个村卫生室与乡镇卫生院的远程对接，进一步提升了基层卫生服务能力。

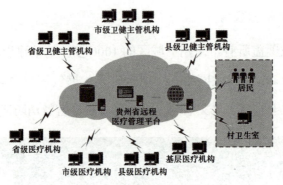

图 7　远程医疗问诊系统

（九）数字电视图书馆

已集成百万册图书并正式上线，用户访问量达到 3000 多万次。

（十）智慧旅游服务平台

已完成多彩黔景、智慧西江、智慧雷山、智慧平塘、智慧金州等多个子系统上线运营，助推全省旅游产业高质量发展。

三、发展前景

（一）推进智慧广电建设与民生服务融合

一是重点推进 100 所中小学"阳光校园·智慧教育"工程建设和多彩贵州"广电云"户户用工程新增 20 万户建设；二是推动应急广播系统和雪亮工程全覆盖；三是推进物联网应用，新增燃气智能抄表 40 万户；四是加快推动 4K 内容、传输、服务协同一体化发展，全面推广 4K 智能机顶盒应用，新增 40 万台机顶盒的安装应用。

（二）推进智慧广电建设与政务服务融合

一是依托"云上贵州·广电节点"，完成全省视频中台和数据中台工程项目的示范建设，为我省业务数据的汇聚、存储、分析、交换、应用等提供支撑；二是推进贵州省政府政务服务中心"一网通办理"项目建设。依托电子政务外网覆盖基础，推动政务服务自助一体机在乡镇、社区、行政村更大范围的推广应用。

（三）推进智慧广电建设与社会治理融合

一是继续实施雪亮工程，完成 2 万个视频监控点位的建设，总量达到 10 万个；二是抓好公安虚拟网络平面项目、政法委跨部门视频联动项目建设，推进省公路交通智能监测系统联网及应急指挥视频调度系统建设；三是实施好环境资源监控中心重点污染企业监管项目，新增 1500 个监控点，推进环境监测系统全省联网。

（四）推进智慧广电建设与乡村振兴融合

一是推进物联网在智慧农业、村寨消防等领域落地推广。重点推进黔东南州麻江县蓝莓现代农业产业园、黔西南州智慧茶园、贵阳市开阳县农业智能化等项目建设；二是重点抓好移民新村、移民安置点综合信息服务应用。

（五）推进 5G 等新基建创新应用

公司将在贵阳、遵义等地建设广电 5G 基站，开展具有广电特色的 5G 组网、差异化运营模式，加快推进广电 5G 新基建的建设工作，培育 5G 服务新业态；在贵安新区建设中国广电西南大数据中心，从大数据中心、网络、应用层面推动区域智慧城市应用的创新示范，实现以场景促应用、以应用带产业、以产业促进我省数字经济发展的目标。

贵州省广播电视信息网络股份有限公司

"三用四融合" 的蓝田模式

在 2018 年 8 月 22 日全国宣传思想工作会议上, 习近平总书记提出了 "要扎实建设县级融媒体中心, 更好地引导群众, 服务群众"。蓝田县根据中央、省、市关于县级融媒体中心建设的部署安排, 以强烈的意识形态管理意识和党管媒体的责任感、使命感, 积极创新、大胆探索, 加快县级融媒体建设, 走在全省县级媒体融合工作前列。2018 年 8 月 12 日蓝田县融媒体中心正式挂牌, 是西安市第一家、陕西省第二家县级融媒体中心, 成为中宣部全国首批试点单位。2018 年 11 月, 中宣部副部长、国家广电总局局长聂辰席调研陕西广播电视媒体融合工作时, 与蓝田县融媒体中心记者进行视频连线。2019 年 6 月 20 日至 21 日, 国家广电总局全国广播电视媒体融合发展培训班现场观摩活动在蓝田县融媒体中心举行, 来自全国各省广播电视局局长、省级电视台台长、省广电网络公司总经理等 140 余人参加会议。国家广电总局副局长高建民现场指出, 蓝田县融媒体中心媒体融合及发展工作非常扎实, 创新突出, 很接地气, 符合习近平总书记对我们县级融媒体中心建设工作的要求, 在全国树立了很好的榜样。感谢同志们的辛勤工作, 希望蓝田县继续发挥融媒体中心优势, 利用传播规律, 特别是把广电的传统媒体和新型媒体建设得更好, 使县级融媒体中心建设工作再上一个台阶, 为全国做出很好的示范。

　　同时，时任陕西省委常委、宣传部长牛一兵同志三次实地调研指导，时任陕西省委书记胡和平通过融媒平台与蓝田县融媒体中心记者进行视频实时连线，给予蓝田县融媒体中心以鼓励和鞭策。

图 1　蓝田县融媒体中心外景

图 2　蓝田县融媒体中心访谈综合直播室

一、蓝田县融媒体中心建设基本情况

（一）整合重组，实现县内新闻机构大融合

蓝田县认真贯彻落实全省一朵云、一省一张网的要求，以秦岭

云平台为支撑，开启县级媒体融合发展的"陕西模式"。以互联网思维为导向，以先进技术为支撑，以建立媒体融合趋势体制机制为保障，以县广播电视台为主体，合并县内两大传统媒体县广播电视台、新闻中心，整合政府网、网信办宣传职能。进行新闻采编全面再造，将电视、广播、网站、微博、微信公众号、新闻客户端等多类媒体平台整合，集文字、图片、音频、视频、网页等内容的采、编、发功能于一身，打造"一次采集、多次生成、多元发布、多级放大、多渠道融合、多平台互动"的蓝田县融媒体中心。

图3　蓝田县融媒体中心采编大厅

（二）搭建平台，实现各类新闻产品大融合

主动与省广电网络公司对接，以秦岭云为平台，搭建蓝田县融媒体生产调度指挥中心系统，建设"三屏一响"（手机屏、电视屏、电脑屏和农村应急广播），"爱蓝田"App同步运行。目前注册用户4.5万人，成为集舆情监控、广播电视节目同步播出、新闻资讯终端调度和发布的融合性平台。打造蓝田手机台新闻客户端，建成融看电视、听广播、网络宣传县内党政网站链接、问政投诉、网络和广播电视并机直播、生活圈展示、新闻资讯汇总、第三方网站链接、直通镇街等多功能于一体的媒体展示平台，所有用户通过手机 App 就可以了解国际国内大事件，收看收听到县委县政府的声音，目前蓝田手机台客户端已注册用户 6 万余人，总访问量近 360 万人次，月访问阅读量近 40 万次，新冠病毒疫情防控期间，蓝田融媒持续加大农村应急广播建设力度，在先期改造的 50 个村的基础上，10 天时间建成 15 个村，为疫情防控和科普知识宣传起到了强有力的作用，积极争取资金支持，争取用最短的时间实现应急广播行政村全覆盖。同时蓝田县融媒体中心作为县级融媒体全省第一家受邀进驻央视县级融媒智慧平台，多条精品视频及新闻产品通过央视新闻＋发布，2019年全国两会期间，与央视联动进行海采，多条采访通过《我为两会带个言》专栏在央视频移动网和央视《东方时空》中播发，开启了县级融媒宣传直达央视的直通车。"镜赞"新中国"陕亮"新时代大型系列短视频"70 年 70 秒"《蓝田厨师走天下》在陕西广播电视台全频道、全媒体平台发布，连续四天陕台进入蓝田时间，新媒体阅读量 500 万＋，该产品同时荣获全省二等奖；疫情防控期间，蓝田融媒系列短视频在陕台发布，并首家在《陕西新闻联播》抗击疫情短视频专栏播出；同时，抖音短视频粉丝量由 3564 上升为 21.9 万，总点赞量 510 万＋，单条短视频阅读量 3232 万＋。融合蓝田发布、蓝田宣传等 20 个政务新媒体，组成宣传矩阵，构建蓝田宣传大格局。积极做好社会舆论管控和引导，成立蓝田新媒体联盟，弘扬蓝田正能量，走好网上群众路线。

图4　蓝田县融媒体中心指挥调度平台

（三）内容聚合，实现中省市媒体矩阵大融合

蓝田县融媒体中心挂牌之际，在打造自建"蓝田手机台"和"爱蓝田"新闻客户端的基础上，推进中央省市各媒体平台的对接运行，快速提升员工思想理念，打造精品融媒产品。蓝田融媒产品在央视频移动网平台单条阅读量24小时达到36万＋，总阅读量超过200万＋，新华社现场云直播总阅读量60万＋，目前蓝田融媒已入驻新华社现场云和县级融媒体专线、央视频移动网和央视频、人民日报客户端——"人民号"、经济日报客户端等中央新媒体平台。同时，蓝田手机台、爱蓝田等客户端围绕县内大型活动、脱贫攻坚等内容先后开展了"陕西好人发布""蓝田县道德模范典礼""社会主义核心价值观歌曲群众传唱""蓝田县首届百姓网络春晚"等60余场网络直播活动，已成为群众了解身边事、服务老百姓的综合平台。围绕一平台两中心，三位一体发展模式，让习近平新时代中国特色社会主义思想飞入寻常百姓家，让群众足不出户，就可以参与到全县经济和社会生活中。

图5　蓝田县融媒体中心广播电台直播间

（四）深化改革，管理体制机制创新大融合

召开深化文化体制改革领导小组会议，理顺媒体归属和管理关系，创新融媒体中心体制机制管理体系。制定《蓝田县融媒体中心运营管理办法》，编制内和聘用制人员采用老人老办法、新人新办法的模式，保留体制内现有人员事业编制，不再增设体制内编制，由县财政按照缺编岗位拨付岗位薪酬，融媒体中心实行二次分配。同时推行首席记者、首席播音员制度，对采编一线岗位提升绩效考核工资系数，二线后勤岗位降低考核系数。严格采编和经营两分开原则，新闻采编由财政保障薪酬和经费，经营部分由财政支持，组建蓝田县汇智融媒产业有限公司，增强输血和造血功能，充实融媒运行资本。建立现代企业制度，打破新闻从业人员身份界限，打破传统薪酬待遇体系，打破行政事业管理体系，用现代企业制度推动管理模式创新，激发新闻从业人员的积极性、主动性，让融媒宣传焕发出新活力。

二、蓝田县融媒体中心建设创新做法

（一）开创"三用四融合"建设原则

蓝田县在建设融媒体中心的过程中，不贪大求全，而是从实际出发，县深改组会议提出"三用四融合"的建设原则。第一，管用，要坚持党管媒体的意识形态，牢牢把握住党管媒体的管理权、话语权、主动权。第二，实用，要从蓝田实际情况出发，立足于蓝田的自然条件、历史人文，走出一条适合蓝田的路径。第三，够用，不贪大求全，要求真务实，做到量力而为和尽力而为。四个融合，就是要做到人员机构大融合、体制机制大融合、新闻产品大融合、媒体力量大融合。人员机构"速"融合：蓝田县融媒体中心在全国宣传思想工作会后，迅速将县新闻中心和县广播电视台人员和资产进行合并，全体人员和工作职能于 2018 年 9 月底全部到位。体制机制"真"融合：以原县广播电视台为主体，合并原县新闻中心，整合网信办网宣职能，组建县融媒体中心，加挂县广播、电视台牌子，成为县委直属事业单位，归口县委宣传部管理。推行"老人老办法新人新办法"的模式，让体制外人员和体制内人员达到同工同酬。融媒产品"巧"融合：在广播、电视、报纸、网络新闻产品的基础上，蓝田融媒结合地域实际，以党建引领融媒体发展为主题，运行党建 + 融媒体直播室；以扶贫为主题，运行扶贫及文创产品直播室；以教育为主题，运行名师融媒直播室；以文化为主题，运行蓝田文化大讲堂直播室，完成了蓝田融媒 2.0 版本建设。目前，正在以厨师文化、陕菜文化、名厨 + 名菜为主题，打造蓝田美食文化直播室；以蓝田美玉、非遗文化为主题，打造美玉非遗文化直播室，开创蓝田融媒 3.0 版本建设。媒体力量"大"融合：在全省一朵云、一省一张网的基础上，以秦岭云为平台，打造"爱蓝田"客户端，搭建成融媒生产调度指挥平台。同时，全省第一家县级受邀入驻央视频移动网融媒智慧平台、入驻新华社现场云平台，同时加入陕西广播电视台和陕西日报融媒体矩阵，打通了县级融媒对接省、市媒体的技术通道。整合县内政务新媒体，组建新媒体联盟，实现媒体力量大融合。

图 6　蓝田县融媒体中心党建 + 融媒体直播室

图 7　蓝田县融媒体中心文化大讲堂网络直播室

（二）彻底理顺媒体管理归属问题

蓝田县召开机构改革会议，以党管媒体、政治家办台（报）为原则，组建蓝田县融媒体中心，加挂蓝田县广播电视台牌子，成为中共蓝田县委直属正科级事业单位，划归县委宣传部管理。

（三）持续发力，推进媒体深度融合

在蓝田融媒 1.0 版本建设的基础上，完善和细化正在运行的 2.0 版本，升级建设 3.0 版本，丰富和完善融媒建设服务功能。坚持守正创新，大融合，打造宣传一面旗；大联合，打造聚音万花筒；大展现，打造蓝田会客厅，将蓝田县融媒体中心建设成弘扬蓝田文化的"留声机"、讲好蓝田故事的"万花筒"、展示蓝田形象的"大舞台"、传递蓝田声音的"放大器"。

三、运行发展存在的困难及解决对策

（一）资金短缺制约媒体融合深度发展

蓝田县经济基础薄弱，财政投入占比相对较低，制约了融媒体中心发展和运营。解决对策：组建蓝田县汇智融媒产业有限公司，大力发展文化产业，增强输血和造血功能，充实融媒运行资本。

（二）专业人才紧缺成为进一步发展的瓶颈

县级融媒体中采编人员均由传统广播电视转型而来，需要尽快掌握全媒体采编技能，才能适应媒体深度融合发展的要求。解决对策：一是加强现有采编队伍的技能学习培训，采用送出去、请进来的方法，提升全媒体采编业务技能；二是积极招聘新媒体技能专业人才，利用传帮带的方法，培育一专多能的全媒体记者。

陕西省蓝田县融媒体中心

唱响主旋律　擘画同心圆

——"宁波红"打造智慧党建"宁波样板"

2018年7月，习近平总书记在全国组织工作会议上指出："各级党委要高度重视信息化发展对党的建设的影响，做到网络发展到哪里，党的工作就覆盖到哪里，充分运用信息技术改进党员教育管理、提高群众工作水平，加强网络舆论的正面引导。"基层党建工作更要善于利用融媒体教育宣传手段，真正把党员组织起来，把人才凝聚起来，把群众动员起来。

为此，2018年9月，中共宁波市委组织部与宁波广电集团宁聚新闻客户端联合推出了全国首个党员教育新媒体平台——"宁波红"，平台充分发挥新媒体优势，创新体制机制，做大做强党建宣传格局，把组织部门与广电新媒体平台的基础数据、资源阵地、教学力量有机整合，助推宁波党建工作走上智慧化、便捷化快车道。

一、新媒体赋能　保证党建宣传出实效

融媒体时代，要保证党建宣传教育真正入脑入心，见真章，出实效，必须充分利用各种新媒体手段。

作为"宁波红"党员教育新媒体平台的母平台，宁聚新闻客户端是宁波广电集团倾力打造的主流新媒体，拥有专业的节目、技术、运营人才队伍。依托集团"宁聚云"智能大数据云端，宁聚以时政新闻为引领，以"重视频、强交互"为特色，着力打造"宁聚时政""宁聚直播""宁聚看点""央媒看宁波""宁聚号"等优质品牌，立足宁波，辐射长三角，目前注册用户近200万人。依托宁聚新闻客户端的丰富板块功能、专业产品输出、超高用户活跃度，"宁波红"充分发挥了"四全媒体"方面的先天优势。

以"宁波红"品牌栏目《领雁访谈》为例：

技术层面：节目预告在常规新闻稿件的基础上，采用了微信推送H5动态页面呈现，内含文字、图片、短视频、触摸互动等多种媒体形式，以便观众充分了解活动亮点，并且可以轻松一键转发，达到二次传播的效果。"领雁访谈"直播采用"视频＋图文"直播的方式，并在直播区开启网友评论通道，派驻专人审核，既保证主流媒体舆论导向，又营造积极热烈的互动氛围。直播结束后，宁聚新闻客户端迅速制作本次活动的"短视频集锦"系列，第一时间在宁聚首页以及媒体矩阵推送，形成"宁波红"话题的衍生传播效应，保证传播热度的连续性。

内容层面：创作团队秉承新媒体传播理念，深挖访谈嘉宾事迹，以艺术手段再创作，把观点、理念、精神融入那些感人肺腑、振奋人心的故事里，让党建不再是生硬的口号，而是成为一个个带着温度、血肉鲜活的故事。

如《宁波红·领雁访谈》节目"先锋颂——向全国公安二级英模胡建江同志学习直播活动"，节目通过两个短片以及胡建江和同事、居民代表、媒体人的现场讲述，回顾了胡建江在被毒贩匕首刺中上臂肱动脉血流如注的情况下，不顾生命垂危，血洒百米追凶路，奋力抓捕毒贩的感人事迹，使先进人物的故事生动可看，现场观众潸然泪下。该期节目通过宁聚新闻客户端和中组部官网"共产党员网"并机直播，总收看量达 2000 多万人（次）。

图 1 "先锋颂——向全国公安二级英模胡建江同志学习直播活动"现场

借助宁聚新闻客户端的专业媒体力量，在"宁波红"平台，中共第一部党章守护人——张人亚的革命事迹被挖掘报道；受到习近平总书记高度关注和亲切回信的浙东红村——余姚横坎头村的时代蝶变被精彩呈现。

"宁波红"以鲜活的党员故事、艺术化的讲述手法、丰富的新媒体手段，真正做到了党建教育有看点、有温度、出实效。广大党员群众汇聚在"宁波红"周围，在平台中学习提升、汲取强大精神力量，并以自己的感悟实践反哺平台，从而实现正能量催生网络流量、网络流量又裂变为更多正能量的良性循环和辐射提升。

图 2　全国公安二级英模胡建江在活动现场接受主持人采访

二、体制机制创新　激发基层党建新能量

为一体化推动"宁波红"党员教育新媒体平台，2019 年 5 月，中共宁波市委组织部牵头成立了由各区县（市）委组织部、各功能区党工委、宁波广电集团等媒体单位参与的行业属地一体化党员教育联盟。联盟以"宁波红"为中心平台，各成员单位平台为子平台，向上依托中央和省级媒体平台同步推送，共享全国党建资源；向下通过模块或链接的形式将各地线上党教平台引入"宁波红"中心平台，实现成员间平台共融、课件协作、活动合办、师资共享、基地共用。

"宁波红"通过三个方面的工作，帮助联盟成员顺利加入平台。一是创新优化下载程序。研发推出了"宁聚·宁波红"专用二维码，党员只要通过手机扫描、下载、注册，点击宁聚新闻客户端即可一键直达"宁波红"页面。二是支部、党员进驻"宁波红"。有序推进基层党支部入驻，逐步实现全市党员全覆盖。三是在"宁波红"上开发"每月必学""远教云课"等板块，进行个性化推送，确保靶向精确。

2019 年，"不忘初心、牢记使命"主题教育活动启动后，"宁波红"依托新闻专题，策划了大型新闻行动《初心印迹》《初心之旅》等原创栏目。在《初心之旅》栏目中，通过网上一键预约、活动情况记录、VR 全景展示、主持人带领党员和网友体验等方式，"宁波红"帮助 50 个市级党员教育示范基地实现了支部活动线上线下精准对接，成为广大党员和网友寻访初心、党建团建的热门选择，使"红色"基地真正成为"网红"打卡点，营造了浓厚的开展党员教育、践行初心使命的舆论氛围。

图 3 "宁波红"党员教育新媒体直播活动走进社区

在联盟的统筹运作下，"宁波红"还在全市组建了一支由党建名师、先模人物、技术骨干、致富带头人等 100 人组成的师资队伍，为线上课件资源和线下实体阵地储备了强大的师资力量，并制作上线了音视频精品课件 2600 余部，总计点击收听（观看）人数超 6066.5 万人（次）；协助各成员单位策划、开展大型线下活动 35 场，50 余万名党员群众参与其中，真正打开了党建教育宣传的大格局。

三、深化媒体融合 开拓党建宣传大格局

新媒体时代，推动媒体融合向纵深发展，构建全媒体传播生态体系，是媒体自我革新的必然选择。

"宁波红"将"宁波组工"等本市各级组工宣传平台，电视党建栏目《锋领港城》，广播党建栏目《初心悦听》和宁聚新闻客户端的新闻、短视频、直播等板块进行多维度融合，以"智慧党建"促"智慧广电"融合发展，将方寸之间的手机小屏幕变成党建教育的大舞台。

"宁波红"内容形式上深度融合了广播电视专题和报道、图文、视频、直播、动漫、H5、原创歌曲 MV、快闪等，根据受众年龄、职业、性别、区域进行定向精准推送，让"党建好声音"直达个体，努力把这一块红色阵地打造成形式新颖、整体联动、实时高效、国内一流的党建教育新高地。

新冠肺炎疫情发生后，"宁波红"与广播电视新闻栏目、党建栏目及时联动，进行全方位的融合报道。"宁波红"平台开设《让党旗在战"疫"一线高高飘扬》专题板块，累积推出报道 425 条。《"宁波红"·在一线》累计独家报道 30 篇；开设《宁波红·战"疫"先锋》专题，对我市通报表扬的战"疫"先锋团队和个人事迹进行展播；

《宁波红·战"疫"》累计上传视频 211 条，报送省组 68 条；其中多个优秀作品被"学习强国"学习平台、"共产党员"微信公众号、浙江新闻客户端等录用推送，有力地宣传了宁波党委政府和广大干群齐心协力抗击疫情的决心、举措和成效。

"宁波红"在"新媒体＋党建"方面的有益探索和生动实践证明，主流新媒体立足自身优势、推进融合发展、坚持服务群众，就一定能在出色完成服务党委政府中心工作的同时，推动自身的多元探索和高质量发展，以初心的热度、故事的温度、网络的速度、路径的广度、共享的维度，走出一条党员教育新形态的时代之路。

如今，宁波大部分基层党支部以及两新红领学院、滕头乡村振兴学院等整体入驻"宁波红"党员教育新媒体平台；全市 53 万余名党员、4 万余名公务员通过"宁波红"参与线上线下学习教育、专业交流。

"宁波红"在全方位的党建教育宣传服务中，还不断放大"虹吸"效应，在民政、卫健、教育、公安、军人事务管理等主要市级职能部门，纷纷开辟专栏，推进业务办理；平台还承担起基层组织工作、干部工作、人才工作移动前端功能，数据采集、业务分发，一键直达、一线牵连。

2019 年，中组部在北京召开全国党员教育座谈会，宁波作为唯一市级代表应邀出席会议，并就"宁波红"品牌建设作主题经验交流发言。"宁波红"党员教育新媒体平台先后荣获全国组织系统"网络正能量"宣传平台大奖、浙江省优秀党员教育电视栏目一等奖、浙江省组织系统创新奖等诸多荣誉。

图4 "宁波红"党员教育新媒体直播平台初心教育界面

宁波广电集团通过"宁波红"平台探索创新媒体融合,取得了较好的成效,为市域层面融媒发展面临的资源难统筹、用户难转化、实效难体现的难题提供了有效借鉴。未来,我们将继续不断创新,探索出更多富有实践性的融媒发展样板!

浙江省宁波市广播电视集团

1+3 赋能智慧广电新赛道

——广电系统下互联网生态营销新赋能

　　苏州广播电视总台作为区域最具影响力的主流媒体，拥有 6 个电视频道、6 个广播频率以及报刊、互联网站、移动客户端、网络电视、移动电视等媒体和平台。苏州广电始终牢牢把握正确舆论导向，守正创新，从 2010 年至今，总台十三度折桂中国新闻奖，其中 3 个一等奖，获奖数量和等级在全国城市台名列前茅。2016 年起，总台坚持真融深融，在体制机制、流程再造、技术集成、全媒体建设、传播效果等方面创造性开展工作，整体进展突出，融合成效明显。在有效坚守传统媒体阵地的同时，培育了众多等高黏度、社群化、服务性的平台，建立起较为完善的融合生产机制和内容分发流程，新媒体总用户 / 粉丝数超 4000 万，主流舆论阵地不断巩固壮大。2020 年 1 月，总台获评全国广播电视媒体融合先导单位；9 月，江苏省广播电视局广播电视媒体融合优秀案例评选，总台 4 项获奖。总台"广电系统下互联网生态营销新赋能项目"获评国家广电总局开展的 2020 年全国广播电视媒体融合典型案例；"媒体云"生产运营平台获评智慧广电示范案例（生产制播类）。2020 年 12 月，"中国（苏州）广播电视媒体融合发展创新中心评审会"在总台成功举行。专家评审组一致认为，苏州创新中心符合创建条件要求，建议尽快完成创建工作，并报国家广电总局审批。2021 年 1 月，省委常委、宣传部部长张爱军为"中国（苏州）广播电视媒体融合发展创新中心"授牌。苏州广电总台成为全国首家以城市台为依托单位的国家级创新中心。

总台还加快发展文化产业，自筹资金建设三大文化产业项目，面积近 68 万平方米。同时加快教育培训、户外广告、金融租赁等新产业的拓展，形成了多元文化产业格局。

图 1　苏州广播电视总台

一、主要创新做法与实践

面对新冠肺炎疫情以及社会形态、媒体格局的剧烈变化，苏州广电加快推动全媒体融合发展步伐，打造具有社交属性的移动端营销平台，为传统媒体全面赋能。自 2019 年开始，组建了以餐饮单元为试点的创客工作室，首先进行了管理体制创新，打造了最小单元mpv 管理模式，积极推行"1+3 赋能"体系赋能。所谓的 1 就是一个社群生态：目前微信日活超 10 亿，移动端每个人几乎都是微信用户，布局首先坚持的一大生态"社交微信生态"。所谓的 3，就是 3个新做法：

第一个"新"，拥抱新技术——广电"新零售"策略。"新零售"策略区别于传统大卖场的销售，将大数据、人工智能、现代物流有效地结合，产生了这个时代充满势能的全新市场模式。苏州广电以小程序为依托打造了广电的新零售策略。 在 2019 年年初，总台就建立了小程序矩阵，通过线上完成交易，线下提供服务，这是总台品效结合，将观众转化为用户的重要一环，用市场的手段和办法强化媒体与受众的连接。

图 2　精准覆盖：垂直餐饮试点打造高定品牌

总台以覆盖面较广的美食为切入口，自主开发秒饭小程序，打造了全国城市台首个"电视 @ 微信生态圈 融媒模式"，探索形成电视、公众号、社群、小程序购买四位一体的交互式变现，以券销为桥梁，截至目前已完成 6.4 万次订单核销，合作门店超过 300 家，带动消费 500 万元以上。此后基于后台系统的并联研发，布局了十几个垂直小程序矩阵。由总台承办的苏州锦鲤小程序和公众号成为苏州市政府新冠肺炎疫情之后发放电子消费券的平台，通过整体氛围打造线下活动，以 1300 万元的消费券助力拉动 8.8 亿元市场消费，再次见证了从强传播到强服务。面广量大的小程序矩阵是基于对社交生态的重新解构；核心逻辑都是直达便捷的移动端的生活场景，核心手段都是链接在线支付功能。而小程序矩阵背后是自主研发的大数据平台，打通了苏州广电千万级的融媒用户，受到商家和市民追捧。践行着拥有高度市场传播力和竞争力的媒体，打造新型主流媒体。

第二个"新"，拓展新渠道——破圈社群经济。有了形成消费闭环的小程序，另一个难点就是移动端流量池的建立，这关系着广电移动矩阵的发展速度。新冠肺炎疫情之后，迎来了一次重要风口：社群经济。苏州广电总台履行媒体担当，首创乐活社区美食团，携手百家餐饮品牌直送社区。其中，社区团辅助再就业，团长和提货点提取佣金，在短短半个月，迅速建立起了 150 个核心小区团，完成了 3 万多次接龙购买，迅速登上新冠肺炎疫情之下接龙小程序苏州月度排名的第一名，以及全国百强社区团，在疫情期间成为一支具有高度辨识度、强大号召力的公益主流力量，商家的参与度相当高涨。社群团让流量裂变、渠道重塑、品牌聚焦，以融媒思路构建了新型邻里服务体系。

此后，后疫情时代的社群模块再次迭代升级，成为生产人民群众需要的媒体产品的重要抓手，社区团采取分成模型，让利市民商家；百团同销快速实现现金流回款，引发品牌热度；多家互联网平台前来洽谈，寻求新的投放合作机制，让广电互联网＋充满了想象空间。吴晓波说：社群是互联网送来的最好服务，截至目前建立了500个以上的社群矩阵，秉持移动优先，传播发力，不断深化互联建设。

第三个"新"，培育新领域。横向到边，纵向到底，垂直领域不断发力，仅在2020年苏州广电总台开展了云逛街、云车展、云咨询、云问诊，更多的"互联网＋"在路上，值得关注的是，互联网直播带货是2020年最值得探讨的新零售模式，总台携手苏宁以及太湖雪，实现完成千万级销售额。苏州广电开发的直播带货MCN，全年完成了200场以上直播和活动，打出一套主流媒体驱动、公私域结合、流量共享、引导销售的新模式。

图3　社交场景打造：社群、小程序、公众号、电视四位一体

二、突出成绩

对媒体融合的重要指示，苏州广电认识深、站位高、行动早。苏州广电结合基层工作的实际情况，全面贯彻中共中央办公厅、国务院办公厅《关于加快推进媒体深度融合发展的意见》，以先进技术引领驱动融合发展，用好 5G、大数据，要发挥市场机制作用，增强主流媒体的市场竞争意识和能力，探索建立"新闻＋政务服务商务"的运营模式，创新媒体投融资政策，增强自我造血机能。

2019 年，单元试点的创客工作室，在新机制保障下，年营销总量同比逆势上涨 15%，成为全国城市台唯一一家餐饮单元突破千万的城市媒体。2020 年，在新冠肺炎疫情导致餐饮单元断崖的情况下，创客工作室继续保持了千万级的运营体量。数万垂直用户的有效社群，覆盖了本地化核心小区，形成了物理网格化的渠道建设，社群就是渠道，是新零售模块的雏形。以"社交生态"电视＋小程序＋社群＋公众号四维一体的模式，构筑了较为稀缺的"品效结合"的商业闭环和投放矩阵，以及广电在地化移动端流量，以无限接近受众，深入全面服务的思路，不断增强主流媒体的市场自我造血能力。

三、发展前景

在前景展望中，如何能让广电的移动流量池在移动端覆盖，这是我们未来的攻坚战，也是广电的"互联网＋"在传统媒体融合发展中面临的重要课题。

首先，在生产模式上，要探索更多互联网广电新产品。按照"互联网+"思路抢占市场，不仅要用户+服务，更重要的是通过传播力，快速集纳用户和服务，实现市场的几何倍增长。这要求通过技术铺设新渠道，接轨日新月异的群众需求，形成生态闭环。从产品需求上，植根于社交生态圈的内容产品，符合群众移动生活，要以互联网思维重新设置节目内容。

其次，党管媒体，更要党管数据。移动端流量池的建立速度要跟得上时代的要求，不仅可以通过大号工程推动矩阵化建设，也要学会用最新互联网的手段和项目快速下压宣传势能，建立小而美、快而好的阵地打法。通过建立垂直试点，快速赋能整体板块，让媒体能快速推进具有市场服务能力，以及自我造血能力的新元素、新细胞。

此外，要在互联网移动端体现广电影响力，需要更多维度打造专业IP，通过项目、节目、主持人，不断增强影响力。尤其是摒弃简单的流量爆棚，打造垂直KOL，转化私域流量，构建百姓离不开的内容和渠道。让用户成为代言人，围绕着品牌打造与电商直播、微信视频号追寻热点需求，分享流量经济、实现多方共赢。

江苏省苏州市广播电视总台

以 70 天致敬 70 年

——北京广播电视台"壮丽 70 年 我们都知道"大型全媒体行动

为庆祝中华人民共和国成立 70 周年，展现北京市民喜迎国庆节的爱国真情和热烈氛围，北京广播电视台提前策划、统筹资源、特别编排，以创新样态和融合理念，策划推出大型全媒体行动"壮丽 70 年　我们都知道"，于国庆节倒计时 70 天之际上线启动，以 70 天的全媒体行动致敬新中国 70 年的光辉历程，用新媒体玩法、跨平台合作、全网络传播，制造了 2019 年"现象级"的融媒体传播大事件。

一、全民参与，全媒联动，打造前所未有的庞大宣传片矩阵

在整个活动期间，北京卫视共策划制作了总宣篇、巨制篇、星光篇、歌唱篇、融媒体篇、航拍篇、大使篇、冬奥篇、公益篇等 13 大类、共 172 部公益宣传片矩阵，以每天超过 30 分钟的累计时长，在北京卫视重要时段持续播出，形成覆盖 70 天的庞大宣传声势。系列宣传片以普通百姓为主角，记录他们对祖国的热爱和对北京的深

情，并从政治、民生、自然、文化、体育等多个方面彰显新中国成立 70 年来的伟大建设和辉煌成就。

宣传片创作突出 4 个字——上天入地。"上天"是要有"登高望远"的大格局和大情怀；"入地"是要有"贴近生活"的小人物和小细节。例如，《航拍北京》系列宣传片采用无人机拍摄，全景展现北京的自然风光、城市地标、文化景观，以鸟瞰视角将北京的古老与现代淋漓尽致地呈现在观众面前。《外国人看北京》系列宣传片，邀请驻华使节和国际友人，在普通市民的带领下，走街串巷，边看边聊，感受国庆氛围，体会北京变化。《牛爷串胡同》系列宣传片，走进胡同深处，跟老街坊们聊聊天，听听他们对祖国的真情实感。整个《壮丽 70 年 我们都知道》系列宣传片在新媒体端播放总量累计超过 4.7 亿。

二、宏大主题，自然抒情，策划组织四场大型群众歌唱活动

为带动广大群众共同营造喜迎国庆、表白祖国的热烈氛围，北京卫视在上级主管部门的指导下，策划组织了"我爱你中国""我和我的祖国""回天有我""红旗飘飘"四场大型群众歌唱活动，唱响首都市民对祖国的深情厚爱，在跨媒体平台上形成前所未有的良好传播效果。

其中，大型群众性歌唱活动"我爱你中国"由中宣部统一部署，北京市委宣传部直接指导，由北京广播电视台与中央广播电视总台联合录制，由北京卫视具体策划并执行。从策划之初，我们就确定

了将这场歌唱活动做成一次群众油然而生、自然流露、真情实感的表白祖国活动。但在实际执行的过程中，这次活动的复杂性和挑战性前所未有。

一是时间太紧。由于天安门广场 7 月 10 日要开始进行国庆阅兵和联欢活动的舞美搭建，留给我们的筹备时间只有 26 天。二是人数太多。我们将完整记录下"观看升旗"和"群众歌唱"的场景，并进行现场采访。但天安门广场每天早上观看升旗的群众有数万人，在如此庞大的群体中间拍摄"快闪式"的歌唱活动，不确定因素太多，操作难度极大。三是责任重大。这是一次献礼祖国大庆的重大拍摄采访活动，又是在天安门广场拍摄，政治导向、安全保障、艺术水准等诸多方面的要求都极高。

为了让情感得到完整的铺陈和酝酿，我们以新闻纪实的方式拍摄采访了人们等待升旗的全过程。他们或从半夜、或是凌晨开始在天安门广场外排队等候入场，他们来自不同民族，来自天南海北，我们想知道他们是谁？他们为什么来到这里？他们想对祖国表白什么？通过采访这些普通人身上的小故事，来传递个人对祖国的大情怀。

我们还专门邀请了一些特殊的群众代表加入演唱队伍：有"北京榜样"的获奖者，有大飞机的总设计师吴光辉、长征二号火箭总设计师荆木春、北斗三号工程副总设计师谢军等顶尖科学家，有武大靖、王濛、申雪、赵宏博等运动员代表，以及来自西藏的义务戍边员、时代楷模央宗和卓嘎姐妹、北京草厂胡同四条的普通居民代表，还有民族之声、革命后代等 12 支民间合唱团，而担任领唱的，则是这首歌的原唱、已 85 岁高龄的歌唱家叶佩英老师。在后期的制作中，这些名人并没有更多大特写镜头，而更多真情流露的镜头大多是普通百姓。所以，正如我们策划的初心，这是一场有意却不刻意的主题策划，是一次有设计却不算计的群众活动，是一场动情表达却不刻意煽情的全民表白。

此次拍摄，我们确立了一条总体原则，就是既要突出大场面，又要拍出烟火气；既要展现百姓群像，又要突出典型情感。为此，我们在机位的分布上构建了一个立体的全景录制网络。广度上，我们在广场上一共布置了88台摄像机位，在6个核心区域上，保证每个区域有6~8名摄像在同时工作，每名摄像都会与1~2名现场导演组成搭档，保证采访任务可以随时进行。高度上，为了能够拍摄到天安门广场升旗的大全景和数万人合唱的震撼场面，我们架设了两台50米高的云梯进行俯拍作业，并在天安门城楼、人民大会堂、国家历史博物馆顶部分别设立了拍摄点。深度上，为了获得更加真实、更加灵活、更加机动性的拍摄画面，200多位现场导演还使用手机进行拍摄，记录具有"呼吸感"和"现场感"的镜头，有效地扩大了拍摄范围，增加了镜头覆盖，捕捉到了大量传神、动情的精彩时刻。

"我爱你中国"大型群众歌唱活动总共制作完成了时长分别为15分钟、10分钟、8分钟、3分钟、2分钟等五个版本的宣传片，在中宣部和国家广电总局的指示下，在包括央视在内的全国各家电视台及全网上线播出。特别是在10月1日晚间群众联欢活动直播结束后，央视台组再次播出了《我爱你中国》片段，取得了全国35座城市超过6%的超高收视率。在新媒体端，《我爱你中国》MV第一时间登上"学习强国"App北京专区推荐首位、微博热搜首位、抖音正能量榜首位。全网视频播放量累计超 1.3 亿次。

大型市民快闪活动"回天有我"由市委宣传部直接领导，在昌平区委政府大力支持下拍摄完成，以"回天地区"居民原创的歌曲《回天有我》作为开场，300 名志愿者从天通苑出发，途经"回天计划"中的重要地标，以爱心传递的方式不断吸引沿途居民加入快闪队伍，最终汇聚到社区广场组成壮观的 2000 人快闪方阵，集中展现了"回天计划"的崭新成果，体现了市民参与城市治理的巨大热情，以及在安居乐业中享受到的幸福感和获得感，凸显了首都共治共建共享的城市治理理念和建设国际一流的和谐宜居之都的步伐。《回天有我》歌曲 MV 在全网视频播放量超过千万，微博话题"回天有我"阅读量超过 2510 万。此外，大型歌唱 MV《我和我的祖国》则由北京电视台与北京人民艺术剧院联合拍摄，北京人艺的演职人员用歌声唱响爱国情怀。

三、强势跨界，创意破圈，"我为祖国比个心"引爆全网

在此次"壮丽 70 年　我们都知道"大型全媒体行动中，北京卫视与今日头条、抖音、百度（百度地图、百度百科）联合推出"我为祖国比个心"活动，通过"卫视 +N"的传播矩阵，营造全媒体庆祝新中国成立 70 周年的"现象级"传播事件，最大限度地覆盖电视用户和互联网用户，吸引多领域名人、跨圈层用户共同参与。活动以"双手比心"的温馨动作，营造全民祝福祖国的动人画面，祝福祖国。

图 1　我在北京世园会为祖国比心

"我为祖国比个心"活动流量引爆全网。活动中，各行各业人士齐力为祖国比心祝福，浓情表白，强势刷屏；超百位明星以及各领域大咖齐参与，覆盖 15 亿人群齐互动，活动主话题强势登入头条、抖音热搜榜。从花式比心，到比心贴纸，再到国内首创全景地图式 H5 比心，北京卫视实力破圈。在图文式比心互动中，破 2 亿话题阅读引爆比心风潮。头条站内文化、娱乐、三农、军事、美食等多领域头部 KOL 表白助力，网友更是脑洞大开，"瑜伽比心""苹果比心""白云比心"等创意比心席卷全网。抖音新晋道具"70 周年比心贴纸"秒变网红产品，引发全民互动。活动短视频总播放量破 3.5 亿次。国内首个全景地图比心 H5 活动，用时间轴展示新中国 70 年发展历程，同时在地图上挑选全国旅游地标，用全景技术让网友足不出户在线"比心"，吸引了超过 3 亿用户参与其中，点燃"潮玩儿"模式。兼具创意和心意的玩法，强强联合的跨平台合作，北京卫视用最具"网感"的新媒体方式，让传统媒体在新媒体时代焕发新生。

图 2 全民表白，祝福祖国，我为祖国比个心

图 3 北京广播电视台卫视频道中心"壮丽 70 年 我们都知道"大型全媒体行动

综上所述，"壮丽 70 年 我们都知道"大型全媒体行动是北京卫视在加快媒体融合，提升全媒体影响力实践过程中的一次重要创

新。北京卫视充分发挥了首都新型主流媒体的引导力、号召力和创新力，联合多家新兴媒体，统筹多方优质资源，以高度的政治责任感和媒体使命感，策划推出了这次体现政治站位、全局视野、宏大主题、群众参与、真情实感、全媒传播的献礼作品，获得了社会各界和广大群众的喜爱。北京卫视将继续发挥首都媒体的节目优势和品牌特色，继续深化媒体融合，加强价值引领，让主旋律作品成为新时代的流量担当，让社会主义核心价值观和中华优秀传统文化能够通过媒体融合的创新创优，成为深受年轻人喜爱的潮流经典。

北京广播电视台

构建融媒"开吧系统" 唱响广播"全新声态"

杭州交通经济广播（FM91.8）隶属于杭州文化广播电视集团，成立于 1993 年，传播覆盖浙江省杭嘉湖地区近 3000 万人口，2014 年被杭州市政府授予"杭州市应急广播"功能称号。杭州交通经济广播（FM91.8）在媒体融合的创新发展思路上始终紧紧围绕习总书记提出的"要研究把握现代新闻传播规律和新兴媒体发展规律，强化互联网思维和一体化发展理念，推动各种媒介资源、生产要素有效整合"。杭州交通经济广播（FM91.8）的广播融媒"开吧系统"以广播平台为主体依托，以自有的"开吧"App 为龙头，以微信公众号、抖音号、头条号、微博号等入驻形式，集中发声，一呼群应，系统内新媒体矩阵通过整合联动，加强广播媒体服务，充分发挥集群效应，特别是针对系统内的数据和流量的研发转化，更是为广播融媒的关系转换和价值实现提供了全力支持。

一、打造优质广播融媒"开吧系统"，挖掘声音最大价值

杭州交通经济广播（FM91.8）的广播融媒"开吧系统"以内容建设为核心，以创新通道为抓手，不断探索打造系统内媒体融合发展的新平台新优势。利用"广播平台 + 新媒体平台"，多优叠加，走

出了广播媒体融合发展的独特新路。

（一）打造广播融媒"开吧系统"，发挥集群效应，加强媒体功效

广播融媒"开吧系统"牢牢秉承守正创新的原则底线，把握以时、度、效为业态法则，利用系统里各新媒体平台的属性，充分采用交互式互动、图文、短视频、视频直播等融媒体方式提高新闻宣传效果。将系统内各平台作为传统广播的延伸阵地平台，围绕本地性、互动性、实用性、服务性的媒体特性，从被动接受到受众转发，由单一传播到裂变传播，形成独具特色的传播新领域。

抗击疫情期间，杭州交通经济广播（FM91.8）的广播融媒"开吧系统"全面呼应广播主体，启动"应急广播系统"机制，不间断推送关于杭州抗击疫情的资讯，图文并茂，中、长视频和短视频共举，亮点爆款频出，2020年2月至4月，系统内各平台的日均点击量达400万左右。

（二）利用广播融媒"开吧系统"，抓取终端大数据，为广播赋能

杭州交通经济广播（FM91.8）的自有App"开吧"，于2015年正式上线，完全由自主技术团队研发迭代，截至2020年5月底，App"开吧"（杭州地区）下载260余万次，平均日活2.3万，平均月活12万，广播直播节目板块累计互动600余万次，目前收听人次总量超过1354余万；App中问答服务板块平均每月解答3600余条提问（以上数据均来源于第三方平台）。

杭州交通经济广播（FM91.8）以App"开吧"平台的数据大

脑终端为主力基础，将通过 App 收听和互动广播节目的受众用户操作轨迹进行全面抓取和分类，通过"开吧"数据中控台，自主研发推出了"广播数据驾驶舱"的广播大数据技术平台，该驾驶舱取交通工具驾驶舱为概念，以分钟为单位将广播节目的围观数据、互动数据、点赞数据、留言数据、观看数据等五大交互式数据进行可视化、功能化和实时化的呈现。

"开吧"的"广播数据驾驶舱"在广播管理工作上有着强大的用武之地。驾驶舱针对每日每档节目的大数据实时进行精准抓取除权分析，通过每日、每周、每月的数据作为横向对比考核轴，反向考核每位主持人在每档节目中的表现，帮助实现广播节目内容的持续优化和提升，让广播内容和融媒体平台数据相互促进，打造由数据驱动的广播增长飞轮。

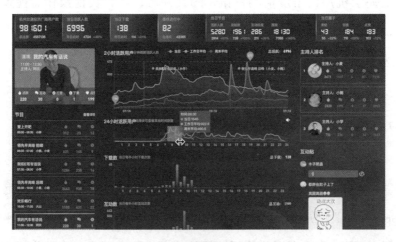

图 1 广播数据驾驶舱

（三）活跃广播融媒"开吧系统"，创造用户体验，让传播多元化

杭州交通经济广播（FM91.8）作为一家城市级交通频率，贴地

性、针对性、服务型特色非常明显，广播受众对交通相关领域的各种诉求占比非常高，传统的"我说你听"和"方式单一"的传播方式远远无法满足受众多方式、多途径的实际需求，而广播融媒"开吧系统"的打造有了新的解决方式：

1. 打破传统广播"一对众"的传播模式，充分利用系统 App"开吧"的交通社群属性，让用户和用户之间也可以实现全天候的交流互动，形成用户社群，以达到"多对多"的裂变传播模式。平台全力打造的 IP 人设"杭帮侠"，聚集了律师、技师、司机等来自杭州各行各业的千余名热心 App 用户，利用自己的专业知识为其他用户解答问题。目前"杭帮侠"页面的点击量超过 480 万+，通过"杭帮侠"得到解决的问题已经超过 10 万余件。

2. 解决传统广播"声音转瞬即逝"的传播模式，充分利用广播融媒"开吧系统"中的微信公众号平台的关键字词回复功能，以达到"定单式服务"传播模式。

3. 突破市级广播"地域限制"的传播模式，以达到"个性化服务"传播模式。系统将广播王牌汽车维权节目《我的汽车有话说》，从广播中"搬"到 App 线上，用户可以通过 App 直接在线上发起维权，系统会自动对接到相应汽车厂商和汽车 4S 店，在节目组的线上督导和协调下自动办理，使广播的汽车维权效率提高了 10 倍以上。2019 年，"开吧"App 还打通了全国汽车厂家，在全国范围内均可实现汽车在线维权。目前已累积受理全国维权案例 3.8 万多起，维权成功率达到 93%。

4. 全面结合人工智能技术，积极融入智慧城市大脑。与杭州市城管局合作，打造杭州停车泊位动态信息显示系统"找车位"。通过地图定位和搜索方式，实时看到身边或目的地停车位位置及空余量，能合理制定行车路线。目前"找车位"功能可实时显示杭州城区 4000+ 停车场库的 75 万个公共泊位位置及剩余泊位信息。下一步"开吧"还将推出"违停缴罚""停车先离后付"等其他功能的技术融入，做好全面接入杭州"智慧城市大脑"的准备。

图 2 "找车位"功能

（四）借助广播融媒"开吧系统"，丰富广播营销模式，提升创效

大数据的加权让广播传统媒体进行分众传播、精准营销的条件也逐渐成熟。杭州交通经济广播（FM91.8）努力将广播融媒"开吧系统"打造成为积聚人气的商业营销平台，且传播力和影响力正逐渐显现。

2019 年，杭州交通经济广播（FM91.8）的融媒体"开吧系统"在各新媒体平台年度创效累计已达 2000 余万元；2020 年一季度，系统内微信公众号平台的广告经营同期增长 168%。

二、复制广播融媒"开吧系统"模式，突破地域推广运用

互联网的本质是"共享、互动、服务"，而依托广播媒体的公信力和影响力，体现媒体核心资源优势的互联网产品同样能在与全国其他地方交通广播的开放合作中实现多方共赢。从创立至今，系统中"开吧"App的全国广播电台联盟（以交通广播电台为主）已达到81家，全国下载量468余万次，总注册用户数突破451万，全国平均日活2.6万，平均月活16.6万，目前全国加盟台（除杭州地区）广播收听人次总量超过2600余万。（以上数据均来源于第三方平台）

三、全力构建广播融媒"开吧系统"，唱响广播传播"全新声态"

受众在哪里，媒体就应该在哪里，在媒体融合过程中能充分体现自身特色才是最终方向，杭州交通经济广播（FM91.8）融媒体"开吧系统"的探索和发展始终坚持"道为体，术为用"的统一，坚持用"互联网思维"之"道"服务用户，完成传统媒体"主导者"角色定位的转变，努力地将"广播受众"转换为"新媒体用户"，以"广播＋客户端＋各平台"三位一体之"术"，把融媒体产品、服务和用户体验做到极致，赢得用户的信任。

图3 "开吧"App 页面

　　融合，本质就是一次异地重建的过程。杭州交通经济广播（FM91.8）一直坚持突破思维定势和传统内容生产逻辑，突破广播传统媒体生态圈，在全新的媒介生态中涵养自身的融媒体秉性，脚踏实地地建构起一个全新的内容生产、分发和用户黏性保持的运作机制。在这样的运作机制下，传统广播媒体进化为对新传播生态保持高度敏感的有机体，它会随着媒体技术的进化升级而保持同步迭代。后期，杭州交通经济广播（FM91.8）将针对系统内各新媒体平台进一步做好"质"的飞跃和提升，尝试做好本地服务功能的进一步拓展和开发，引进本地政务资源和商务资源，从而将已有的"流量池"进行扩大，尝试提升原有"节目受众流量"的黏合性，从而进一步为流量变现打下基础。同时，不断加大提升系统内各融媒体平台的含金量，针对广播特色与用户需求，推出城市慢直播、新闻现场视频直播、电商带货直播、广播 MCN 模式等功能，以达到触发广播业态多样性的目的，努力打造自身特色，成为市场标杆和广播业融合媒体发展的一个样板。

浙江省杭州文化广播电视集团杭州交通经济广播

成长项目篇

CHENGZHANG XIANGMU PIAN

"人工智能编辑部",共建"媒体+AI"生态共同体

"人工智能编辑部"是中央广播电视总台深入贯彻落实习近平总书记关于推动媒体融合向纵深发展的重要指示精神、积极构建"5G+4K/8K+AI"全新战略格局的具体举措。

"人工智能编辑部"以"视听中国,智联世界"为发展目标,致力于将人工智能大规模应用于新闻实践,并通过开放合作,形成多元参与、开放融合、对外共享的局面,进一步巩固宣传思想文化阵地、壮大主流思想舆论。

"人工智能编辑部"建设一年多来,积极探索媒体行业的智能化升级之路,构建"媒体+AI"新模式。目前已申请技术专利2个,软著超20个,在业内产生示范效应。

图1 人工智能编辑部 Logo

一、"智造"赋能生产传播全流程

"人工智能编辑部"由三个"内核"构成:一是将人工智能技术广泛应用于时政和重大主题宣传报道中,打造独具总台"智造"特

色的智能创新应用产品。二是围绕生产传播全流程，开发了涵盖智能创作、智能采集、智能生产、智能审核、智能运营等环节的智能编辑"工具库"。三是基于已建成的主流媒体大数据平台和具备千万级并发支撑能力的视频平台，建设人工智能技术支撑服务平台。

（一）AI 创新产品矩阵

1. 国内首个 AI 时政创新产品"I 学习"

"I 学习"是国内首个 AI 时政创新产品，建成国内最全面、最智能的领袖报道素材数据库。通过全面收录总书记相关的图文、视频、音频、公开出版文献、各领域治国理政纪实、央视大型政论片等，打造成为功能齐全的"时政版百科全书"。该产品将人工智能和大数据相结合，拥有智能归档、多策略搜索、精准统计、图谱联想等多个底层能力，实际应用于时政选题策划、时政稿件核查以及时政事件统计，有效辅助编辑策划选题，提升创作和生产效率。

图2 "I 学习"界面

央视网 2020 年获中央网信办全网置顶的报道稿件超 1000 条，主要得益于国内首个 AI 时政创新产品"I 学习"。

2. 课本里的新中国

"课本里的新中国"是"人工智能编辑部"推出的首批重点产品，也是总台献礼新中国成立 70 周年的融媒体报道重点产品。产品集结了总台三网各自的核心优势，以多元化的、恰如其分的视觉、听觉元素，借助语音识别、语音合成等先进技术，以喜闻乐见的形式吸引网友广泛参与，实现传播价值最大化。

3. AI 帮你找

"AI 帮你找"是针对央视视频资源的深耕，运用先进 AI 技术打造服务用户的智能语音交互应用产品，运用 AI 技术唤醒总台海量视频资源。"AI 帮你找"推出的"AI 中华诗词"，借助 AI 技术对《中国诗词大会》《经典咏流传》等节目中的诗词视频进行深度分析，用户只需用语音或者文字方式输入关键词，就能快速找到完整节目视频，还能精确查找节目中某个人物、片段进行定点播放，更直观地感受诗词之美。

4. 两会"智"通车

"两会'智'通车"是央视网在 2020 年两会期间打造的全国首个集智能对话、语音交互、社交分享于一体的时事 AI 产品。该产品依托 AI 虚拟主播"小智"，以新颖的形式与用户语音对答，为普通百姓解读教育、医疗、养老、降税、住房、民法典等热点话题及民生政策，上线两周覆盖用户数量超过 300 万，是一次人工智能技术与新闻报道有机融合的创新。

图 3　两会"智"通车界面

（二）AI 智能编辑工具库

1. 智能化媒资

借助 AI 中台能力，构建人脸识别、图像识别、物体识别、字幕识别等视频分析能力，对传统媒资库进行关键帧级别数据整理，并结合自然语言处理和关键词等技术抽取重要内容标签，生成序列关键帧以及标签服务，将沉睡的数字化内容转换为具备充足元数据标记的数据化信息库。同时，对输出的分析数据结果通过 NLP 技术深度理解，对海量媒资素材数据进行精细化、结构化、知识化梳理，逐步建设起权威、丰富、多维的内容数据库，提升检索效率及准确性，辅助报道的内容创新，强化新闻报道的二次创作和传播能力，提升主流媒体对用户的正向影响力。

2.智能视听审核工具

智能视听审核引擎可供不同技术平台或产品调用智能审核能力。依托各类识别能力及视频指纹技术，对视频内容进行实时智能化审核，从而大幅提升人工审核效率。此外，还能对历史视频进行定期全方位扫描，确保媒资库内容安全，提升新媒体的网络监管质量，发挥主流媒体的社会责任。基于智能视听审核工具打造的融媒智控云矩阵产品，实现了从单一化到矩阵化的巨大飞跃，建成5大技术支撑层、40余个产品功能模块的完整的、矩阵化产品架构体系，在视频内容风控领域保持领先优势。

图4 融媒智控云矩阵

3.智媒数据链工具

基于海量数据、算力和深度学习算法，打造"内容+""传播+""用户+"等一系列智媒数据链产品，为编辑和运营人员提供新闻采编、选题策划、社交平台运营、全网传播效果评估、用户画像分析等工具，有效助力编辑挖掘高价值新闻线索，追踪原创内容在全网的传播路径和引爆点，刻画目标用户典型特征，助力运营人员实现数据化运营。

智媒数据链产品已在山西、安徽等县级融媒体项目上实现落地，提升了县级融媒的数据运营能力。

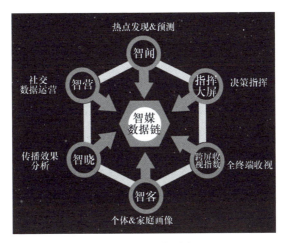

图 5　智媒数据链

（三）AI 视听支撑平台

AI 视听支撑平台由云计算和大数据平台、AI 中台组成，从算力、数据、能力、算法等多层面合力形成人工智能落地和应用的基础。

1.云计算和大数据平台

人工智能的落地和应用，需要有足够的算力和数据作支撑。央视网于 2018 年开始布局大数据平台，将业务数据、内容数据、用户数据、互联网数据、运行数据等全部纳入数据采集范围，外部数据包括论坛、微博、微信公号、移动新闻客户端等互联网内容和用户行为（点击、阅读、点赞）数据；内部数据包括网站、移动客户端、互联网电视等数据；以及传统收视调查数据、第三方电视收视行为数据服务商等数据资源。针对采集到的多源异构的海量数据源，大数据平台提供实时高并发在线分析云计算服务，已经实现日处理能力 100 亿条数据，可以在秒级针对亿级数据进行即时的多维分析透视和业务探索，具有对海量数据的自由计算和极速响应能力，快速发现数据价值，并可直接嵌入业务系统为终端客户提供实时在线分析服务。

2. AI 中台

"人工智能编辑部"充分发挥视频为主的特色，围绕重大主题主线报道，打造 AI 中台，以 AI 技术挖掘视频价值，推动视频传播方式变革，提升重大主题主线报道的传播力和影响力。该平台紧密结合媒体应用场景，构建了智能分析、智能审核、智能搜索、语音识别、语音合成等多种智能化能力，通过自主研发 AI 能力服务总线，面向业务层应用提供 AI 能力的封装调用，支持多种 AI 能力的扩展和灵活接入。AI 中台集成市场主流人工智能服务厂商的能力，针对不同业务类型建设相应的服务模型，研发适合于主流媒体服务引擎能力。不仅可实现对现有媒资资源智能化处理，而且借助 AI 算法对库内成品节目和素材进行质量修复、清晰度提升以及精加工再处理，以满足视频生产、用户体验和传播要求，并结合大数据平台服务能力最终形成运营和经营一体化的支撑平台。

二、助推内容生产供给侧结构性改革

"人工智能编辑部"经过一年多的建设，以先进技术引领驱动融合发展，推进内容生产供给侧结构性改革，推动关键核心技术自主创新，并努力构建"媒体 +AI"生态共同体，积极引领媒体与人工智能行业的发展潮流。

（一）守正创新，积极探索将 AI 技术大规模应用于时政报道和重大主题报道

"人工智能编辑部"构建全媒体传播体系的"智慧中枢"，为编辑提供智能化的多场景服务，实现主流媒体内容与 AI 的深度融合，最大程度让优质内容触达更多用户，进一步增强主流新媒体的传播力、引导力、影响力、公信力。

"人工智能编辑部"加强 AI 技术在新闻报道领域的前瞻性应用。比如，"I 学习"是国内最全面、最智能的时政报道素材数据库，并构建了国内首个时政知识图谱。2020 年是全面建成小康社会收官之年，央视网启动了"决胜——脱贫攻坚智惠媒体平台"，首次将人工智能技术大规模应用于重大主题报道，助力打赢脱贫攻坚战。央视网在 2020 年两会期间，推出国内首个时政智能问答产品"两会'智'通车"。

（二）自主创新，"融媒智控"实现了关键核心技术自主创新的突破

"融媒智控云矩阵"是国内主流媒体中首个具有自主研发完备知识图谱和主流算法模块的人工智能产品，拥有一套基于十余年审核经验的信息知识图谱，具有结构化程度高、分类完善、来源权威等特点，实现了关键核心技术自主创新的突破。其建成的业内唯一的专业、权威、自主研发的视频风控知识图谱，审核准确性达到 95%以上，效率比纯人工提高 80 多倍，居于行业领先地位。

"融媒智控云矩阵"作为国内主流媒体首个商用级别 AI 内容风控平台，与业内顶级云厂商达成战略合作，助力营造风清气正的网络空间。

（三）开放创新，携手社会各方力量建设"媒体 +AI"生态共同体

"人工智能编辑部"的建设，不仅仅是完成自身的升级转型，而是携手各方力量，建设"媒体 +AI"生态共同体。央视网联合由国家发改委、科技部、工信部、中央网信办指导的中国人工智能产业发展联盟启动"媒体 +AI"深度融合委员会，积极引领媒体与人工智能行业的发展潮流。

"人工智能编辑部"于 2020 年 9 月成立了国内第一家主流媒体建设的"智慧媒体学院"，依托"人工智能编辑部"的核心资源，联合高校、科研机构及互联网行业内领先企业，聚焦大数据与人工智能等前沿科技在媒体领域的技术推广应用和人才培养，贴合各地方融媒体人工智能的发展需求，输出人工智能相关产品及服务，推动媒体产业从移动互联网时代跨入智能互联网时代。

央视国际网络有限公司

5G 智 慧 电 台

——把党的声音送到田间地头

湖南广播电视台坚持在改革中创新，在转型中发展，为建设主流新媒体集团开疆拓土。2020 年，湖南广播电视台主动布局音频赛道，抢占技术风口，推出 5G 智慧电台项目，并在短短一年时间内，完成了项目的论证与实施。以县域为"主战场"，主动融入媒体融合发展趋势，以先进的广播技术推进县级融媒体中心跨区域发展。截至 2020 年年底，5G 智慧电台已签约全国 27 个省、市的 280 家广播频率。

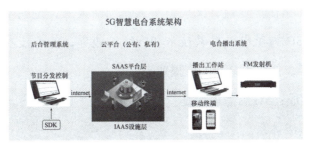

图 1　5G 智慧电台系统架构

一、5G 智慧电台——5 分钟创办一家电台

5G 智慧电台，简单来说就是 5 分钟创办一家电台。作为自主研

发的新一代人工智能电台编播系统，它极大地优化了传统广播的生产流程。按照当地电台设定的编排规则，系统可智能抓取、智能编排、智能播报、智能监控、云端分发，一键式自动化生成新闻、资讯、天气、路况、音乐串接等播出内容，仅需 5 分钟即可辅助用户生成一套 24 小时播出的在地电台节目。相当于为县级融媒体中心输送了"一个智能编辑工具、一组省级主持人、全套全天节目"，能帮助县级融媒体中心的广播电台解决设备更新缓慢、节目内容匮乏、人才资源短缺等问题。

二、技术、内容、运营、场景的全面创新，造就广播音频行业的"独角兽"

（一）打破技术和内容的边界，催生了全新的广播业态

习近平总书记指出："文化和科技融合，既催生了新的文化业态、延伸了文化产业链，又集聚了大量创新人才，是朝阳产业，大有前途。"5G 智慧电台打破技术和内容的边界，使得技术成为一种全新的内容，催生了全新的广播业态。

1 套集成：5G 智慧电台是"AI 广播技术 + 版权内容 + 智能播出系统"的集成体系。

2 项技术：一是语音合成技术，与智能语音行业领先的科大讯飞合作；二是自主研发的 NLP 语音编辑技术，可实现语音与文字的同步编辑。

3 个套系：打造了听众最喜爱的私家车、音乐、资讯 3 大体系，其中私家车体系又细分了 3 大套系。这些节目可以保证 365 天每天

24 小时输出。

4 项本地化内容：实时天气、实时路况、本地新闻和本地资讯。

5 分钟：系统在播出电脑上安装后，5 分钟即可创建一套 24 小时播出的当地电台节目。

（二）以绝对的内容优势区隔市场同类产品

习近平总书记强调："文化产业既有意识形态属性，又有市场属性，但意识形态属性是本质属性。"5G 智慧电台牢记总书记嘱托，领会新时代意识形态工作的重要性，潜心创制人民群众喜爱的广播节目。

项目依托原有湖南卫视和芒果 TV 所有节目的 FM 端版权，5G 智慧电台创新性引入广电总局脱贫攻坚题材重点电视剧《江山如此多娇》、《人民日报》点赞的《乘风破浪的姐姐》、纪录片《中国》等优质爆款内容，同时联合合作台——新疆兵团综合广播推出特别策划融媒体系列报道《共和国不会忘记——对话抗美援朝老兵》，反响热烈。

2021 破晓之际，5G 智慧电台上线万首曲库、三大音乐体系、7 位 AI 主播。随后接连发布"重量级"节目库，121 档日更节目，极具时效性、专业性、话题性、可听性，实力诠释"好内容是铁打的营盘"。为庆祝建党 100 周年，营造浓重热烈的舆论氛围，5G 智慧电台上线了《百炼成钢——党史上的今天》特别节目。作为传播党和政府声音的"轻骑兵"的广播，通过 5G 智慧电台端口，实现了对党的致敬。

在未来三年，5G 智慧电台将基于广电基因持续投入资金，重点打造一批具有长尾价值的 IP 版权内容，保持每年 9000 小时的节目输出量。以创制优质爆款音频内容塑造独有优势，保持领跑姿态，争取更多独家资源，不断扩展内容库，创立新的节目体系和内容版块，成为国内最顶尖的音频内容生产者之一。

图2　央视报道5G智慧电台系统画面

（三）以强大的平台效应，促进头部资源下沉

5G智慧电台发挥强大的平台聚集效应，努力推进头部资源下行，实现全国合作电台在宣传上连接共享，通过"主题策划、同步发声、直达基层"的宣传模式，让央媒主流宣传内容、湖南广电"芒果系"顶级IP资源和荔枝FM、阅文、财新周刊等行业头部资源在县级电台打通播出，将头部品牌媒体策划制作的新闻和文艺节目直接送达基层。

2020年10月1日，5G智慧电台联动央视新闻新媒体同步直播了由中央广播电视总台、中国国家铁路集团有限公司联合推出的"十一"主题宣传节目——《坐着高铁看中国》，通过湖南省84家县级融媒体中心联合播出这期重点报道，并在部分县城繁华地段大屏同步转播。12月31日，5G智慧电台发起"百城百台跨年大直播"

活动，全国电台热烈响应，通过 5G 智慧电台把湖南卫视的优质 IP 节目下沉县域电台播出，真正"把党的声音送到田间地头"。

图 3　《坐着高铁看中国》节目由中国百城百台转播

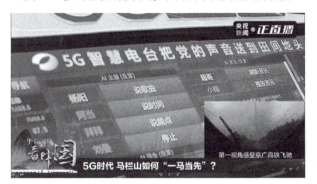

图 4　央视新闻频道播出《坐着高铁看中国》

（四）以县域为"主战场"，夯实基层主流舆论平台

2020 年是全国县级融媒体中心的收官之年。根据实地调研发现，大部分县级融媒体中心的硬件设施基本到位，但传播力和影响力却没有达到预期，许多县级融媒体中心网站、微信公众号的优质内容阅读量不足两位数。5G 智慧电台瞄准县级融媒体发展的痛点，研发适用于基层广播电台、"村村响大喇叭"的智能广播技术，让本地的优质内容再次被听到、被传播。

5G 智慧电台作为技术提供方，严格遵守"分级管理，严格三审"的铁律，编排执行"头条工程"，全国合作电台的新闻头条均播出习近平总书记在最新公务活动和讲话中的指示精神和决策部署。在"当地新闻、当地采编播审"的大前提下，协助当地电台建立节目播出模板，制作符合当地受众文化审美的单元节目；执行当地电台制定的新闻采集、编排规则，确保内容导向安全，让党和政府的声音在大街小巷、田间地头更广泛地响起来，更好帮助县级融媒体中心融入群众、服务群众，成为新时代治国理政的新平台。

三、典型案例

（一）以智能技术提高地方广播应急响应能力

2020 年 7 月 17 日，我国新疆区域连续三日出现新冠肺炎本土感染病例，当地政府采取了最坚决、最果断、最严格的管控措施。眼看新疆生产建设兵团的广播播出或将受到影响，新疆生产建设兵团党委宣传部常务副部长刘进能紧急联系湖南广电 5G 智慧电台团队，请求提供技术支持。团队临危受命，连夜紧急为兵团综合广播 FM882 提供了远程装机和技术培训，确保广播次日的正常播出，为当地疫情防控与宣传提供了技术支持。

"5G 智慧电台就是要用机器和 AI 等高科技替代主持人的程式化、规范化的简单劳动，让真正的人才从烦琐的事务性工作中解脱出来，去从事创造性的复杂劳动，创造出更多的精品力作。"刘进能对 5G 智慧电台给出了这样的评价。目前 5G 智慧电台已经与新疆生产建设兵团三师、四师、七师合作，在新疆复制推广"湖南模式"。

（二）以平台效应助力县级融媒体中心良性运营

5G智慧电台为县级融媒体中心提供"管理＋技术＋内容＋运营"整体赋能，不仅极大地节省了人力成本，还提高了广播节目内容的品质，有效提升县域电台的吸引力，增强当地电台的区域市场竞争力，经济效益明显提高。

据衡南县融媒体中心主任刘伟宏介绍，在使用5G智慧电台的之后，大大节省了人力资源，仅用三个季度时间完成了2019年全年营收53万元的目标，2020年全年营收达到180万元，项目帮助电台从"输血"到"造血"，实现营收增长和良性运营。

四、突出成绩

（一）"把党的声音送到田间地头"获总书记点赞

2020年9月17日，习近平总书记在马栏山视频文创园调研中，仔细听取了5G智慧电台的项目介绍、应用场景，观看了5G智慧电台的系统演示，听了广播剧《半条被子》片段，并称赞：像这样产品就非常好，"传递了（党的）声音，也解决了（实际）问题"。

图5　5G智慧电台是马栏山视频文创产业园的重点项目之一

（二）获得两项国家广播电视总局荣誉

5G 智慧电台项目荣获国家广播电视总局"智慧广电"传播分发类先进案例、2020 年全国广播电视媒体融合成长项目。

（三）推进行业标准建设

《5G 智慧电台建设规范》正式纳入 2020 年湖南省地方标准制定计划第二批增补项目和湖南省广播电视局课题研究立项。联合国家广播电视总局规划设计院，将省级标准升级为行业标准，预计于 2021 年正式出台。

（四）获得广播电视宣传战线一线人员认可

2020 年 3 月 23 日，5G 智慧电台在郴州首次上线使用时，郴州市委书记易鹏飞表示："5G 智慧电台解决了县级媒体的人才匮乏问题和节目内容需求，用最新的广播技术服务最基层。"

2020 年 4 月 10 日，株洲市委副书记市长王洪斌说："安装 5G 智慧电台就像来了一组省级广播电台的编辑和主持人，帮我们解决了很多问题。以后我们还想借助 5G 智慧电台的技术、人才和平台，为株洲市的农产品销售打开通道，为决胜全面小康、决战脱贫攻坚加油出力。"

2020 年 5 月 15 日，衡阳市委常委、市委宣传部部长张霞对 5G 智慧电台给予高度认可，她说："5G 智慧电台这个产品很好，解决了县级融媒体中心真正的问题，也产生了实效，会长期合作来推进县级融媒体中心建设，希望用这种方式更有效地引导群众、服务群众。"

2020 年 8 月 28 日，中共宜章县委常委、宣传部部长何利彬表示:"我们宜章台是全省第一家上线的县级 5G 智慧电台,使用后给我们带来了新的感受,首先是缓解了基层人手不足的问题,提高了播出水平,还带来了新的发展机遇。"

2020 年 8 月 28 日,桂林广播电视台生活广播部业务主管杨超表示:"我们把自身打造的拳头自办节目和 5G 智慧电台精心编排的节目体系相互融合,在本地形成了非常有竞争力的节目框架,收听率、市场占有率明显提高。"

2020 年 8 月 28 日,新疆生产建设兵团广播电视台广播中心主任王朝朋在采访中说:"今年夏天受疫情影响,兵团很多农产品卖不出去,我们看在眼里、急在心里。5G 智慧电台知道这个情况后,主动与我们联系,在湖南进行了两场助农活动。"

图 6　2020 年 8 月 11 日,5G 智慧电台联动
新疆生产建设兵团开展援疆助农活动

2020 年 8 月 28 日,雄安新区雄县广播电视台台长、融媒体中心主任史润夏说:"5G 智慧电台的创新模式让我们在传统媒体发展的

方向上找到了新的路子，不但给我们提供了技术和内容的集成，还在媒体导向性把关和营销上提供了助力。这是 5G 时代背景下广播行业转型升级的一大契机。"

（五）获得多项行业内外荣誉

2020 年，项目获评长沙市委宣传部"媒体艺术示范企业"；中国（长沙）马栏山视频文创园"科文融合之星"；百度地图行业解决方案创新应用奖；百度地图路况播报联盟最佳创新合作伙伴；首届中国（北京）国际视听大会"视听行业"最具影响力品牌；项目负责人黄荣获得"视听行业"领军人物称号。

五、发展前景及规划

（一）打造"千县千频"战略平台，助推优质资源"上行下沉"

5G 智慧电台在未来三年，将通过服务全国 1000 家县级融媒体中心，打造"千县千频"战略平台，将智能化的广播播出系统与高品质的音频内容产品全面下沉到县级融媒体中心；为县域个性化定制《一县一景》《一县一味》等节目，让优质音频资源通过平台"上行"，在其他频率打通播出，做群众喜爱、行业认可的广播平台，更好地把党的声音送到田间地头，成为新时代治国理政的新平台。

（二）以声音为媒介，构建全场景数字音频传播体系

5G 时代万物互联，人们获取信息的主要途径，将从屏幕转变为身边万物，眼睛将被解放出来。通过智能音频技术让万物"发声"、连接、共融，实现"物联网 + 音频"的全场景的覆盖。5G 智慧电台

将加强技术升级，深入运用 5G、人工智能、区块链等技术，推进技术和内容升级扩容。以"5G 链网＋云"的方式，搭建音视频版权数字资产交易平台建设。以人为本，探索传统 FM 端、手机移动端、智能穿戴设备、智能家居、智能网联汽车等全场景、垂直化的智能音频生态体系，打造广播音频"数字技术＋媒体融合"的新模式、新业态。

（三）扩展价值边界，增强平台政用、民用、商用服务赋能

增强 5G 智慧电台"千县千频"的信息服务聚合与精准分发能力，为社会提供专业性、针对性、亲民性强的广播媒体服务。在满足政用、民用的前提下，打通资源连接渠道，为县级融媒体中心提供人才、资源、管理、运营等多项赋能和精准服务，拓展服务范围，以技术力量赋能数字广播音频生态建设，促进县级融媒体中心良性运营和媒体融合建设。

湖南广播电视台

长沙广电融媒体生态体系

　　媒体深度融合发展，是近年来传媒界讨论最多的话题。长沙市广播电视台深入贯彻落实中央推进媒体融合发展的战略部署，按照总局促进"智慧广电"建设的总体要求，坚持正确的政治方向、舆论导向和价值取向，瞄准建设全国一流新型媒体集团的目标，以大数据为核心，整合本土资源，强化用户连接，初步建立"新闻＋政务、服务、商务"的运营模式，着力打造集舆论引导与意识形态管理、政务信息公开、社会治理、民生服务和商务运营于一体的长沙广电融媒体生态体系，取得明显工作成效。

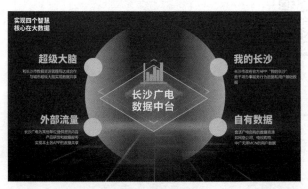

图 1　数据中台

　　长沙广电于 2018 年启动并基本完成了新一轮的媒体资源整合，组建了新闻中心、节目中心、广播中心等部门，2019 年 9 月同级组建了长沙广播电视集团有限公司，实行"一体化运行"管理机制，新的媒体组织架构和营运机制已基本完善。2020年3月，整合台（集团）相关资源，成立了融媒体事业部，重点推进"中台系统"建设，构建"长沙广电融媒体生态体系"。近三年累计投入超过3000万元，用于设备采购、项目研发、新媒体人才引进等，推进媒体深度融合步伐进一步加快。

长沙广电融媒体生态体系以长沙广电中台系统为中心，以电视、广播、"智慧长沙"App、"我的长沙"App（长沙市政府官方App）、微信公众号矩阵、微博矩阵、小程序矩阵、短视频账号矩阵、各政府部门App、各政府部门微信公众号为终端，以各种融媒体产品为载体，实现智慧宣传、智慧政务、智慧服务和智慧商务。

实现四个智慧，核心在大数据。首先要解决数据怎么来的问题。一是和长沙市数据资源管理局达成合作，在确保数据安全的前提下，与城市超级大脑实现数据共享。二是长沙市政府官方App"我的长沙"由长沙广电研发和运营，该App集成了数千项办事功能，实名注册用户220万+，是长沙的网上政务大厅，市民的办事行为数据与长沙广电共享。三是长沙广电为其他单位App、微信公众号提供资讯内容、产品研发和数据服务，从而实现本土各App的数据共享。四是盘活广电自有的数据资源，如网络公司、电视购物、中广天择MCN的用户数据等。所有数据将全部汇入长沙广电数据中台。

图2　四个智慧

其次解决数据怎么用的问题。通过长沙广电数据中台对用户基础数据和行为数据进行分析，形成精准画像，融媒体生态体系内的各个终端将向用户推送具有舆论引导价值，且符合其需求和兴趣的资讯、政务、服务、产品，实现浏览、使用或成交。

举个例子，长沙市民李女士近期通过"我的长沙"App，搜索了办理准生证相关信息。通过中台系统对相关数据进行分析，判断李女士为长沙雨花区常住人口，正处于已婚已育未生产阶段。李女士已下载了"我的长沙"App和"智慧长沙"App，那么，"智慧长沙"App现阶段给李女士推送的信息，将包含长沙市生育津贴补助的政策资讯、优生优育、育儿知识等内容，从而实现信息找人的"智慧宣传"；"我的长沙"App将及时提醒李女士在网上预约或者办理出生证、新生儿社保等政务服务；"民众呼声"App将为李女士推送其所在小区的生活信息、服务信息、出行信息等；同时，广电自有的"嗨购商城"也会将月嫂、母婴产品等服务和商品信息通过融媒体生态体系里的各个终端推送给李女士。

实现四个智慧，关键在产品研发。长沙广电融媒体生态体系产品研发的原则为"广电赋能、社交社群、解决需求、积累数据、精准推送"。根据这一原则，研发了"民众呼声""维权问法""嗨购商城""星直播"等原创产品，集成了民生保障、交通出行、医疗健康、生活缴费、人才教育、住房服务、企业服务、生活服务等服务产品，基本搭建起了一个根植于广电体系的城市综合应用平台。

以"民众呼声"产品为例，这是长沙广电联合长沙市公安局、长沙市住建局等单位，联合研发的旨在解决小区"四不"问题（不安全、不文明、不健康、不方便）的产品，市民可以在"民众呼声"

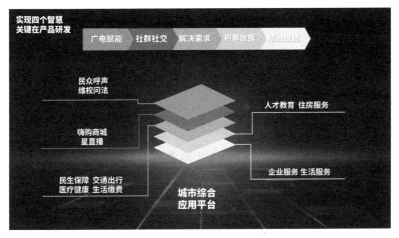

图 3　城市综合应用平台

的平台上对小区问题进行投诉，所有投诉将通过"四级"处理机制（物业、社区、街道、职能部门）督促解决，解决进度实时呈现，做到"小事不出小区，大事专项解决。"此外，产品还加入了助力机制，如果投诉事件被邻里转发或者助力达到 100 次以上，广电记者将进行现场直播，督促事情马上解决。截至 2020 年 12 月 20 日，"民众呼声"总共接收小区投诉线索 40 余万条，总计已处理 36 余万条，处理率超过 90%。"民众呼声"这一产品还具备小区服务购买功能，目前集成了本土 70 余项社区服务，如开锁、家政、验房、保洁、维修等，用户可以直接在平台下单，购买其所需要的各类服务项目。

"维权问法"产品则力求搭建一个市民和律师之间的互动平台，让法律服务触手可得。平台拥有自主的产品及技术开发力量，联合法律职业群体，智能匹配律师与用户的需求信息，通过即时法律咨询、调解、非诉、代理、企业法律定制等专业的在线法律服务，打破传统法律服务的门槛与模式，实现用户在线下单、平台实时响应，为企业和用户提供可信赖的法律服务平台。比如，市民在平台上发布了一个债务纠纷的法律诉求，系统将根据胜诉率、服务态度、资历等维度，智能推荐高中低三档律师为其服务，由市民根据需求自行选择。

"嗨购商城"力求打造"爆款产品＋社群分销＋内容运营＋线下推广"模式，专注于长沙本地生活圈，为用户提供热门、爆款、特价、实惠的本地吃喝玩乐购服务与产品，为合作商家带来最直接的销量与到店人流，并打通流量变现、直播带货、网络购物、效果广告、服务变现、模式输出等多种变现途径。

长沙广电产品研发部门将不断发掘本土用户需求，不断丰富和延展生态体系的内容。

基于长沙广电中台系统，智慧宣传、智慧政务、智慧服务、智慧商务的业务模块能互相赋能、不断循环，生态体系中产生的用户和业务数据不断沉淀进长沙广电大数据中台，为后续运营做决策参考和业务支撑，打造完整的融媒体生态体系闭环。

图 4　融媒体生态体系闭环

　　长沙广电融合媒体生态体系建设，已制定了三年规划目标。2020 年，完成平台建设，打通数据渠道，建设系统架构；2021 年，强化内容与服务产品研发，多形式提升用户日活，通过对大数据的多维分析，以精准化的资讯、视频、直播、电商、服务、广告等方式，进行精准广告投放、产品推介；2022 年，将大数据运用拓展到更多领域，如金融、城市管理等，并借助 5G 与 AI 更好地服务于城市运维，为政府决策提供咨询智库，推动长沙广电宣传和经营彻底转型，实现"向融媒体要影响、向大数据要价值、向互联网要效益"的战略目标。

湖南省长沙市广播电视台

江西网络广播电视台"赣云"

——应需而变的融媒体服务平台

江西网络广播电视台赣云平台是江西广播电视台依托自有研发团队，采用云计算、大数据、人工智能等国内先进技术建设的县级融媒体中心省级平台，也是江西广播电视台的"头号工程"。

截至 2020 年年底，"赣云"已与 41 个市、县（市、区）融媒体中心达成共建合作，吸引近百家机构开设入驻账号，已形成自主可控，聚合能力强，上连央媒，下接全省各市、县、区的新型媒体业态格局。

一、应需而变，极速迭代，领先技术驱动平台运营

当前，县级融媒体中心发展重心已从如何搭建转向如何运营、如何更好地服务用户。赣云平台因需而变，从平台运营角度不断迭代技术发展路径，逐步实现入驻号、云直播、问政等多种功能赋能县级融媒体中心，使其更好地为用户提供线上线下服务。

（一）建设全省内容共享平台

利用新技术平台打通省、市、县三级新闻资源，形成本省省级

新闻联盟，打造本省统一协作的一体化新闻传播模式，提升省内各级媒体的新闻制播能力，提升主流媒体在本省舆论宣传中的引领作用。

（二）入驻号体系赋能平台运营

入驻号体系是赣云平台为县级融媒体中心开发的特色功能，它可以充分调动当地特约供稿员的积极性，有效整合当地各基层单位的丰富资源；用户则可以享受更多优质的本土内容和身边服务；而入驻号在这个过程中则获得了更多的曝光量和获客渠道，从而实现了一举三得的共赢效果。

（三）云直播互动服务平台

"赣云"将直播和垂类内容、专项服务深度结合，形成"直播＋教育""直播＋农业""直播＋旅游""直播＋电商""直播＋生活圈""直播＋活动"等各种新业态。

此外，"赣云"还充分借助 5G 的高带宽、低时延、4K 的超高清、VR 的沉浸式体验、AI 的智能分析等技术，逐步打造"5G+4K+VR+AI"的移动新媒体互动服务平台，让传统媒体传播模式以一种崭新的模式重新融进大众的生活方式，实现"人人在现场、人人当主播、人人可参与"的新体验。

（四）建设良性循环的问政平台

"赣云"将热线电话系统、移动端报料平台、微信反馈渠道，以及互联网舆情中与问政相关的各类形式的信息，进行统一收集、管理和分析，形成本省的问政报料与信息收集平台。

（五）打造智能产业运营平台

"赣云"通过智能生产工具及智能推荐工具为运营平台提供场景化运营支撑。

1. 内容智能生产平台

通过智能化数据采集、分析并获取互联网热点内容作为内容生产素材，结合智能审核、短视频制作、多渠道分发等一体化智能生产工具，提升内容生产的效率、质量和安全。

2. 活动运营管理平台

在线生成活动报名、投票、抽奖、预约、优惠券核销运营页面，可挂载在微信、客户端等多类型产品下开展运营活动，运营方可获得运营数据的统计分析，实现运营变现。

（六）提供技术资源对外服务

依托江西省融媒体中心平台，提供江西省广电技术资源和业务资源对外输出，为全省各市、县融媒体中心业务拓展提供全方位技术及海量视频资源支持。

二、融媒创新，共振传播，"央媒＋省、市、县媒"四级联动

"赣云"首创的"央媒＋省、市、县媒"四级联动报道全国两会，成为国家广电总局"全国地方媒体重点融合案例"，受到中宣部表扬。2020年两会期间，赣云"四级联动"，推出"VR全景两会""两会大数据"等爆款产品；通过"今视频"品牌推出了《我的妈妈是战"疫"超人》《英雄·城》《航拍鄱阳县问桂道圩发生漫决》

等一系列正能量短视频内容，中宣部多次点名表扬；与 15 省主流媒体发起组建"全国区块链新闻编辑部"推出的"云直播"及融媒体产品全网总点击量超 3 亿；2020 江西文化发展巡礼展期间推出的《赣云带你看大戏》系列融媒体直播节目点击量超千万。

在全民战"疫"的报道中，"赣云"通过大数据发掘网络热点，通过"四级联动"打通大小屏，指导市、县融媒体中心制作了一大批火爆全网的短视频产品，据统计，全网点击量超千万的超 30 篇，点击量破亿产品 2 个。例如，短视频《我的妈妈是战"疫"超人》，通过"医生妈妈"的逆行与孩子的对话，以"网言网语"的方式表达，句句戳中泪点，系列产品在互联网上刷屏传播；"赣云"指导修水县融媒体中心制作的《暖心！交警抗疫一线值守，妻子隔空送水饺》登上热搜，被新华社、央视等央媒平台转载报道，成为具有全国影响力的融媒体报道。

2020 年夏天，江西遭遇洪水灾害。"赣云"联动江西广播电视台抗洪报道小组及受灾最严重的九江地区县级融媒体中心，采用了智能机器人、"5G 云直播"等新技术手段。全网首发的《震撼！奋战 83 天鄱阳问桂道圩成功合龙》《"沉默"的村干部一开口让人心疼》等融媒体报道被中央网信办在全国、全网推送，国家广电总局新媒体在全国推送展播。

三、响应及时，贴近基层，打造 7×24 小时 +15 分钟服务体系

"赣云"把"7×24 小时 +15 分钟"响应机制纳入考核目标，要

求运营服务支撑人员不仅要对内容建设、平台技术、融媒体前沿动态等有关知识有较为全面的了解和掌握，更要深入基层一线，充分掌握研判县市区的实际困难和具体需求，确保服务效率。

据统计，"赣云"收到融媒体中心需求或问题已达 4591 件，三天内得到解决的 4409 件，占比超 96%，其中 3792 件做到了当天解决。

（一）统一服务入口，打造"政务服务 + 新时代文明实践中心"综合平台

"赣云"全面接入江西省"赣服通"App 提供的 200 多项政务服务，并将能力全部下沉至县级融媒体中心，满足广大群众足不出户的办理政务需求。

此外，"赣云"专门研发"新时代文明实践中心"功能模块，打造"政务服务 + 新时代文明实践中心"综合平台。

图 1　"新时代文明实践中心"平台分宜县界面

例如分宜县融媒体中心就利用"赣云"的"新时代文明实践中

心"平台，整合全县 256 支志愿服务队，连通 293 个新时代文明实践中心（所、站）、乡（镇、村）文化站（室），成立总指挥调度中心；全县注册"新时代文明实践志愿者"45717 人，58 个县直单位、5 个社会组织和 28 支红色文艺团队入驻，建立起"群众掌上点单、平台精准派单、志愿者即时接单"的线上反映、反馈和线下对接、协调处置机制，形成县、乡、村三级统一调度制度。

（二）核心技术赋能，"轻应用"解决防疫、助学难题

2020 年疫情期间，"赣云"发挥技术优势，迅速研发一系列"轻应用"模块，通过"轻应用"，各融媒体中心客户端的注册用户数大大提升，日活增长量平均超过 50% 以上。

图 2　新型冠状病毒肺炎"江西实时疫情地图"

例如"赣云"的"江西实时疫情地图"每日实时更新江西全省各地实时疫情数据，群众可以通过平台实时了解江西全省 11 个地市、100 个县区的最新疫情走势图。自 2020 年 2 月 6 日上线以来，"江西实时疫情地图"在互联网平台总点击量超过 1.5 亿，用户自主生成分享二维码海报超 6000 万次，刷屏江西人的微信群和朋友圈，

得到了省政府、省卫健委的高度肯定。

图3 直播"云课堂"

疫情期间，线下课堂被搬到线上，"直播云课堂 + 名师云课堂"教育平台拥有海量优质的名师课程，学生可以在手机端随时随地点播观看。赣云"云课堂"成为江西首个汇集直播官方课表、点播名师微课程的"云端"线上教学平台，为江西省700万名中小学生"停课不停学"提供了保障。据统计，赣云"云课堂"通过"大中小屏"全覆盖全省，电视端点击量超12亿、移动端点击量超3.5亿，同时在线用户最高达305万。

（三）活动运营出新招，激发用户参与感、获得感

赣云平台提供融媒体直播、消费券核销、在线答题、活动报名、投票、抽奖等工具，拉动县级融媒体中心活动运营能力，激活县级融媒体中心在当地的影响力和客户端活跃度。

例如"赣云"与省教育厅合作举办的"江西少年诗词大会"，以

线上"云海选 + 线下活动"的形式嫁接线上线下资源，形成联动，用原创品牌活动串联当地文化、教育与融媒体中心的深度融合。据统计，"江西少年诗词大会"第四季报名参赛人数超 60 万，线上答题超 1.8 亿次，最高同步在线答题突破 10 万人次。

四、提升"四力"，注重实操，打造全省融媒人才培研基地

在推进县级融媒体中心建设过程中，我们发现各地普遍存在人员业务素质能力不足、对融媒体中心建设与发展认识不够、建设县级融媒体中心思路定位方向不明确、融合技术不知道如何甄别与把关等一系列问题。

图 4　赣云学院开班仪式

赣云学院于 2019 年成立，以帮助全省融媒体中心建设为己任，运用现代互联网信息技术，按照复合式培训模式打造的新媒体培训与研究基地。

赣云学院联合南昌大学新闻与传播学院、腾讯企鹅新媒体学院，邀请长期工作在一线的央媒及头部商业网站资深新媒体运营大咖现场授课，以独家角度深透剖析融媒体经典案例，通过打造线

上线下多维度新媒体培训平台，提升融媒采编人员的脚力、眼力、脑力、笔力，达到为江西各市县区的融媒体中心挖掘人才、锻炼人才、培养人才、输送人才的目的，为加快构建融为一体、合而为一的全媒体传播格局提供人才保障和智力支撑。目前，赣云学院已开办六期培训班，参训人数超 600 人，获得了省宣传部、省广电局各级领导的高度肯定，在全省树立起了赣云学院的品牌。

截至目前，赣云学院面向全省、市、县、区融媒体中心，基层广播电视台相关负责人、记者、编辑、技术人员等，已开办六期培训，全省各级融媒体中心参训人数达 600 余人次，每人约 48 课时。

"赣云"将继续坚持"应需而变"，努力提供更具前瞻性、更加专业化、更契合江西全省各地实际需求的省级融媒体平台服务。

江西网络广播电视台

技术赋能媒体　视频拓展边界

"5G高新视频多场景应用"是湖南广电"科创＋文创"的先导示范项目。2020年9月17日，习近平总书记到湖南马栏山视频文创产业园视察。2020年10月，国家广电总局副局长、党组成员朱咏雷调研湖南广电。其间，考察调研5G重点实验室时，高度肯定了实验室建设工作和科研项目，对实验室做出了"有人才、有场地、有资金、有成果"的高度评价，并表示总局将大力支持实验室发展，积极推动5G广播电视技术研究，标准制定及测试验证等相关工作。

一、项目背景

5G环境下视频业务发展空间广阔，视频业务被公认为最重要和最早可开展的应用。权威统计预计未来网络流量的80%都将是视频数据，广电行业在视频内容创意和生产上有着丰富资源和天然优势。在5G新的应用场景下，沉淀的内容资源和完整的内容生产链将有新的发展空间，但同时视频业务将具备新的特征，原有的视频内容和按照传统方式生产的视频产品已经很难满足5G时代的新需求，这将给广电行业发展带来全新的挑战，5G的发展将引发传统视听内容生产、传播、服务等一系列革命性变化，在这样的背景下，国家广电总局研究引入"高新视频"概念。

在此背景下，5G 高新视频多场景应用国家广电总局重点实验室（简称"湖南广电 5G 实验室"）由国家广电总局于 2019 年 12 月批复，依托湖南广播电视台建设和运营。2020 年 3 月 31 日实验室正式挂牌，落户马栏山文创园，围绕广电 5G 高新视频网络建设和 5G 技术在视频、远程医疗等多场景的应用上开展了系列工作。

图 1　国家广电总局重点实验建设项目

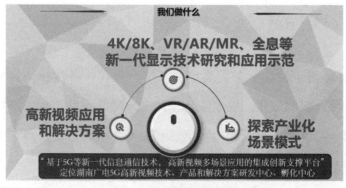

图 2　高新视频多场景应用

实验室组建了包括高文院士、龚新高院士为学术委员会主任的科研团队，聘请了孙松林、张兴、翁东东等北京邮电大学、北京理工大学 10 人资深专家团队。

实验室基于 5G 等新一代信息通信技术，以及高新视频多场景应用的集成创新支撑平台，定位湖南广电 5G 高新视频技术与产品，依托方案研发中心、孵化中心，开展高新视频应用和解决方案、4K/8K、VR/AR/MR、全息等新一代显示技术研究和应用示范并探索产业化场景模式。

实验室借助湖南广电品牌和资源优势，围绕视频集成创新，包括技术集成创新、商业模式创新、工艺流程创新，通过与中国广播电视网络有限公司、华为科技有限公司等联合共建，与北京邮电大学、北京理工大学开展横向课题研究合作，自实验室建设成立以来获得了长足的发展，共参与国家广电总局标准制定工作 2 项，承接国家广电总局课题 2 项。

二、建设成果

（一）新技术创新及应用

一是 2020 年湖南省两会期间，湖南广电 5G 实验室联合湖南卫视新闻中心的"芒果云"App 共同打造《两会一日》5G 专题栏目，提供了直播回传在线剪辑、素材云转码、AI 素材生成视频、语音转字幕等技术支持，以 5G 智慧内容生产平台为新闻制作赋能。

二是完成广电 5G 全国首个小规模试验网——金鹰城马栏山试验网的建设，标志广电 5G 已经完成湖南广电内容生产核心区域的网络覆盖，完成广电 5G 全国首个省级核心网用户面开通，开通全球首个基于 E9000H 平台（ARM 架构下）自主可控的"5G SA 核心网"，为广电 5G 提供完整的 5G 网络条件和业务测试环境，可以更好地服务于湖南广电内部的采集、编辑、分发、播放等各环节。核心网开通后，与台覆盖传输中心、新闻中心完成"5G 4K 背包传输测试"，并出具测试报告，测试结果满足 4K 的传输各项性能指标要求，从另一方面验证了广电 5G 网络的稳定性和可靠性。

三是疫情期间，实验室配合组织《歌手·当打之年》首推云录制模式，线上 200 位观众用户通过直播间与现场进行实时互动；2020 年 4 月 24 日，在《歌手·当打之年》总决赛开展 5G+4K 实时调色直播与制播实验，充分论证了云直播的可行性，并提出了研发改进的方向。湖南卫视"洪啸工作室"表示湖南广电 5G 实验室提供的技术支持极大地提高了后期素材筛选、画面剪辑等工作效率，不仅弥补了疫情期间没有现场观众的缺失，更为节目内容制作及服务开辟了一条全新的路径，这是台网融合、产研联动背景下所取得的较大成绩。

四是 2020 年 7 月 19 日完成全省首次 5G 远程手术指导场景应用实验，借助 5G 及 AR 增强等数字医疗技术，远程指导，成功开展了"胫骨骨折髓内钉固定"与"膝关节置换"手术，实验室加速推进了"马栏山远程医疗系统"在湖南的实用化落地。

五是做成了广电系统内第一家用监控摄像头，通过有线、无线两种传输方式，将多路信号汇聚进有线机房导播台，并进行多平台同步播出的慢直播。在直播过程中，对具有可能产生热点内容的场景进行持续性的视频采集和后台视频素材自动拆条，同时将素材保存在云盘，可远程调取，协同剪辑，前后一共剪辑完成 61 条短视频。

六是完成 5G 版"蜗牛 TV"现网测试工作，已经具备现网运行条件，完成广电 5G 通讯模组与广电 5G 网络的测试和适配，实现 5G 版"蜗牛 TV"现网稳定运行。

七是开展了第十三届金鹰影视文化节开幕式和闭幕式的"5G 4K 背包"超高清网络传输试验、湖南卫视新闻中心金鹰节闭幕式的 5G 新闻直播连线、拼多多"双十一"晚会中 100 名网红主播"广电 5G 网络推流"的网络布置和直播现场保障，这是广电"5G 4K 背包"在全国首次运用，广电 5G 网络能更灵活支撑广电内容生产中的各环节，做到广电 5G 网络为内容生产服务。

（二）获得的国家级及省级荣誉

一是积极参加国家广电总局智慧广电案例征集，获得 1 个先进项目和 3 个入围新项目荣誉。

二是参加国家广电总局媒体融合成长项目申报和答辩，入选 2020 年度全国广播电视媒体融合"成长项目""典型案例"。

三是湖南广电 5G 实验室联合湖南有线集团申报的《基于 5G SA 组网模式下的超高清视频高性能传输解决方案》获得由工信部、湖南省人民政府主办的全国工业 App 和信息消费大赛的"信息消费技术创新奖"。

四是 5G 智慧医疗解决方案——马栏山远程医疗系统 MR 体疗项目荣获工信部"绽放杯"二等奖。

五是 2020 年 8 月 11 日，"湖南广电 5G 实验室""54 云魔"项目入选 2020 年湖南省"数字新基建"100 个标志性项目名单。

三、典型应用场景

（一）马栏山数字医疗系统

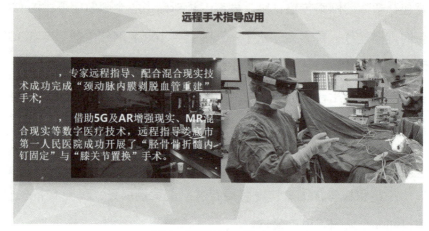

图3 远程手术指导应用

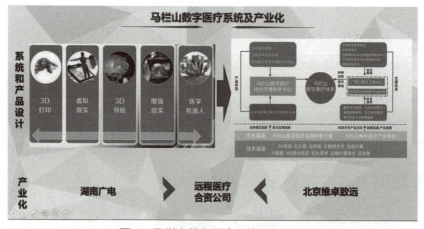

图4 马栏山数字医疗系统及产业化

（二）基于广电 5G 视频专网的 4K 传输预研课题

图 5　预研课题——5G 智慧背包

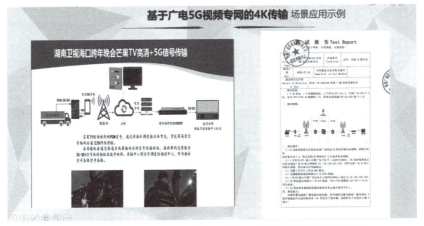

图 6　"基于广电 5G 视频专网的 4K 传输"场景应用示例

四、发展规划

作为国家广电总局新型实验室建设的探索者和践行者，未来实验室将聚焦视频，主攻数字媒体，围绕新一代视频技术，发力数字医疗，结合 5G 技术，拓展智慧交通应用，依托中国广电渠道优势，探索智慧教育，采用"1+N 模式"（多位一体、互动合作）发掘新场景和应用，不断拓展高新视频边界。

在未来 5 年，实验室将实现申请各类国家专利 8 项以上，其中发明专利 3 项以上，实用新型和外观专利 5 项以上；在国内外期刊发表论文 8 篇以上；承担省级以上项目超 3 个；完成 3 个以上社会场景示范；孵化产业公司 3 家以上。

"星垂平野阔，月涌大江流"。这个时代赋予媒体融合新的使命和新的时代特征，技术是星辰大海，技术赋能媒体，技术将不断拓展视频边界。湖南广电 5G 实验室作为广电媒体融合发展道路上的新选手，定会不懈努力、鼓足干劲，抢抓新机遇，开启新征程，为广电媒体融合发展贡献力量。

湖南广播电视台

"互联网+"深耕社区治理，融媒服务践行初心使命

——无锡广播电视集团（台）"爱吾锡"
融媒体社区服务项目

在媒体融合步入"深水区"的当下，城市广电如何拓面提质，进一步加速融合转型，在拓展主流舆论传播渠道、转换传播方式、提升传播效能上下功夫，充分发挥好主流媒体引导群众、宣传群众、服务群众的作用，成为摆在城市广电人面前的重要课题。近年来，无锡广播电视集团（台）持续推进"深耕本土"战略，深化融合、建强载体，增强"四力"。2018年年底，在江苏省内率先启动8个市辖区（县）融媒体中心建设，人员、设备、技术和平台下沉基层一线，在电视主频道开辟区县新闻《联播无锡》，"无锡博报"客户端开辟"八面来风"模块，为来自基层一线的信息搭建传播平台，极大提升了本土媒体的传播力、引导力、影响力、公信力。

紧随区（县）融媒体中心建设步伐，2019年无锡广电与腾讯公司战略合作打造融媒体社区服务平台"爱吾锡"，将宣传服务触角向社区"最后一厘米"延伸。"爱吾锡"以微信小程序为主打，覆盖公众号、手机客户端（App）及微信社群，旨在建设集主流舆论阵地、综合服务平台、区域信息枢纽"三合一"功能于一体的社区服务载

体，助力基层治理，搭建百姓和政府之间的"舟"与"桥"。

图1 "爱吾锡"社区宣传海报

一、具体做法及创新特点

一是技术引领创新，融入微信传播生态。项目在腾讯技术支持下打造千人千面的"网络社区"和大数据分析后台，基于用户的注册区域、使用习惯、订阅兴趣等标签对用户细分，区别于传统媒体的广而告之，精准触达用户。同时顺应"社交化"规律，以微信社群为传播渠道、小程序为服务工具、公众号及视频号为宣传露出窗口，联动无锡广电自有 App "慧直播"，四维于一体融媒运营，"借船出海"提升城市媒体传播力。

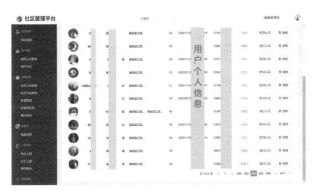

图2　小程序后台用户认证界面

图3　引导社区群众注册提问

二是聚焦服务定位，加强本地社交互动。项目坚持走全媒体时代群众路线，坚持贴近群众、服务群众。围绕"广电＋政务＋服务＋商务"做供给侧布局，根据社区居民的共性和个性需求设计了六大模块：既有侧重垂类服务的"健康养生""法律咨询"；也有助力基层治理的"社区工作站""物业管理"；还有紧贴市民美好生活需求的"惠民便民"和"我型我秀"。

图 4 "法律咨询"后台审核分配流程

三是探索经营模式，研发融媒营销产品。基于社区场景的宣传和社群运营吸引了各级政府和商业客户的投放。"爱吾锡"依托媒体公信力为基层群众甄选并引入社会服务资源，提供各类专业性、针对性、亲民性强的便民服务，策划推出融合宣传、服务和营销的"打包式"项目，增强自我造血机能，推动可持续发展。

二、突出成效及典型案例

2019 年四季度开始，"爱吾锡"在无锡市 3 个社区试点。一年来，先后与江溪、金匮、扬名等 26 个街道的 109 个社区联系合作。目前"爱吾锡"搭建社区、垂类服务等社群 310 余个，通过与社区居民线上线下互动，实现主流信息与社区民意的双向嵌入，达到服务百姓生活、助力基层治理的目的，也为主流媒体新闻信息传播打通了新渠道，并在 2020 年助力社区抗击新冠肺炎疫情的过程中发挥了重要作用。

（一）降维传播、精准分发，争取舆论引导的主导权

"爱吾锡"通过社区社群紧密联系群众，发挥融媒体在应急动

员、舆情把控、舆论引导等方面的优势，迅速、高效传递党委政府的声音。新冠肺炎疫情期间，"小区出现救护车"等网络谣言的传播引发了部分群众的恐慌情绪，给疫情防控带来挑战。党委政府一方面缺少与基层群众直接对话的渠道，另一方面对自媒体平台的把控又不够充分。"爱吾锡"恰好弥补了这一短板，通过移动端的"万屏互联"第一时间推送政府通告和权威发布，同时开展舆情疏导，掌握了社区网络舆论场的主导权。2020年1月24日无锡市通报首例确诊病例当日就在线疏导舆情36次，回复疑问220多条。"爱吾锡"还先于省市全域的苏康码、锡康码研发"居民出行表"，协助社区摸排，回应群众急盼。因在社区具较强的传播影响力和组织动员力，"爱吾锡"承接了市委网信办"网络综合治理社区试点"创新工作专项，面向各社区陆续提供网信普法、社群舆情引导等服务，成为全省网络综合治理工作创新亮点，并将持续开展。

（二）一键诉求、快速反馈，建设融媒体综合服务平台

"爱吾锡"小程序服务平台每月接收居民求助、提问百余起，并经线上工作流引擎，流转至社区、物业、医院等相关部门，处置后形成反馈闭环，由此，城市党媒能够更加深入和全面了解人民群众的利益诉求，避免"闭门造车"。一是群众诉求一键反映。群租、违建等城市管理顽症是长期困扰基层政府的难题，已成为城市品质提升的掣肘。金河湾社区靠近无锡中央车站，独特的地理优势吸引了众多来锡务工人员在此群租，存在安全隐患。"爱吾锡"发现后台及社群居民对此反映意见较多，便主动联络相关政府部门，全力推进整治工作。短短一个月内共整治取缔群租房82户，17户改变房屋结构的群租房整改到位。同时街道、社区通过"爱吾锡"线上发布、微

信群楼道分发，开展常态化宣传及监督，形成出租户管理的良性自治机制，有效助力城市精细化管理。二是线上线下沟通协调。"爱吾锡"先通过微信群收集百姓关切程度高的话题；再通过小程序设置话题讨论区，让居民们在线互动协商，快捷参与基层治理；最后，通过《社区大讨论》网络视频直播、广播电视同步报道，让居民、人大代表、政协委员、社会观察员与社区、职能部门面对面互动，形成观点碰撞，进而达成应对方案。这一平台机制，形成居民、社区、职能部门之间多方联动的治理闭环，使一些困扰群众多年的顽症，如安置房小区停车难、楼道杂物乱堆放、小区电动车充电智能化改造等得到较好破解。三是创新宣传表达方式。以契合网络传播、群众喜闻乐见的形式，宣传居民广泛关注和关系到老百姓切身利益的内容。如疫情期间，原创《硬核老妈》《住手领导》等短视频系列广受粉丝喜爱，在省台展播。从传者本位到受众本位，"爱吾锡"始终以"服务"思维力图赢回广电在无锡本土，尤其是在中青年用户中的话语权。

图 5　开展广播、网络
"社区大讨论"融媒直播

图 6　小程序前端用户求助界面

（三）整合资源、多元服务，打造社会信息服务枢纽

"爱吾锡"立足板块定位，依托包括无锡广电自身在内的社会资源，以线上线下相结合的方式为社区居民服务。一是服务宣传效益，实现融媒传播。"爱吾锡"根植社区，敏锐捕捉受众需求，打出"宣传＋服务"组合拳。联动《联播无锡》深入采制街道、社区新闻，打开了市台紧贴基层、感知生活的广阔视窗，在基层舆论引导中真正发挥主导性、关键性作用。六大服务板块与《作风面对面》《共享大医生》等广播电视栏目融合运营，让传播更接地气；二是服务社会效益，树立公益品牌。项目自运营以来，联动网信办、卫健委、司法局、行政审批局等公共服务资源和行业条线资源，组织社区义诊、法律咨询、社区大讨论等 158 场线上线下融媒服务，互动累计达 230 余万人次，多形式、高品质服务赢得群众口碑；三是服务经济效益，赋能集团经营。以居民 15 分钟生活圈为辐射半径，招募社区合作伙伴，在家政、健康、旅游、教育培训等方面积极探

图 7　开展社区迎新长跑活动

索，调动市场资源为群众提供优质融媒服务。全球 10 大制药企业阿斯利康中国总部就主动寻求合作，希望借助"爱吾锡"精准对接社区用户的特色，以公益服务的形式植入品牌形象，实现主营业务深度拓展。双方签署了"融合传统电视投放""健康云讲堂""社区义诊活动"的打包营销方案，首场"ibs-c 便秘型肠应激综合症"社区直播活动人气即超 11.4 万。2020 年 4 月以来，社区公益服务、街道品牌包装、社群分发、硬广投放等模式吸引超 700 万元投放，为集团营收挖掘了新的增长点。

图 8　引入公益资源开展家门口体检服务

三、发展前景及重点方向

党的十九届五中全会对"十四五"时期我国发展作出系统谋划和战略部署，全会通过的《中共中央关于制定国民经济和社会发展第十四个五年规划和二〇三五年远景目标的建议》以满足人民日益增长的美好生活需要为根本目的，贯穿了以人民为中心的发展思想。城市广电推动主流宣传、为民服务资源下沉，直接对接基层一线，既是引导群众、服务群众的需要，也是媒体融合转型的必然选择。"爱吾锡"以社群为流量入口，借助小程序、公众号等新媒体工具，以权威信息发布、基层政务互动、社区共建共治共享、民生福利集纳为特色，张起服务百姓民生、助力基层治理的大网，以宣传和服务带动社群，打造全域传播服务新平台，探索了媒体融合发展的无锡广电样本。

下阶段，"爱吾锡"将坚持以人民为中心的工作导向，充分发挥"中台"功能，力争建构群众离不开的平台和渠道。

一要成为连接基层党和政府与群众的信息中台。"爱吾锡"将在云计算、人工智能（AI）等前沿科技助力下，依托大数据分析，建立高效运转的内容采集、分发的生产流程，让"爱吾锡"成为"AI吾锡"，为建设智慧社区赋能。加强与本市各级政府部门的紧密联动，用主流媒体的公信力推动职能部门把服务管理渗入基层治理的毛细血管中。

二要成为连接城市媒体和社区群众的服务中台。一年来，"爱吾锡"用线上＋线下的融媒体手段使"社区服务天天有、活动周周办"，从过去的单向传播者转变成居民生活圈里的身边人。2021年，"爱吾锡"与区（县）融媒体中心融合升级，将进一步用好客户端、社区社群、问题上报等联系群众平台，从居民实际需求出发，着力为内容生产提供基层鲜活素材、分享交流评论，提高定制化、个性化、精准化供给能力，提升内容传播效果。特别是加强"法律咨询""社区工作站"等专业板块与《一访定心》《拜托了律师》等垂类服务栏目的"组合出击"，做精内容生产、做优便民服务，提升服务的针对性和有效性。

三要成为连接公共服务资源与基层社区的共享中台。一方面是加强与政务服务资源接轨，主动对接新时代文明实践中心、智慧城市等战略建设，成为服务经济社会治理和发展的"枢纽"平台；另一方面，进一步调动市场资源为群众提供更多优质的融媒服务，进一步统筹线上线下、公共服务与市场运营，充分参与到城市百姓的日常生活中。

未来，城市广电人将进入颗粒度越来越细的社区生活场景，走近每一个最微小、真实、具体、独特的"用户"。伴随媒体融合向更广大的市场外延和下沉，谁沉得深、沉得真，便将收获更多用户。谁能点亮繁星，谁就能照亮夜空。

江苏省无锡广播电视集团

新疆广播电视台媒体融合发展
——打造全媒体传播矩阵

一、单位基本情况

新疆广播电视台开办有"新疆新闻在线网""丝路视听网"两个新闻网站。其中，丝路视听网是全国语种最多，且是新疆唯一的省级视频网站，提供汉语、维吾尔语、哈萨克语 3 种语言和 11 个电视频道的网络直播、点播和回看，覆盖 380 多万用户；建有官方新闻手机客户端"丝路视听"，现在目前下载量 10 万；开设有"直播新疆""彩虹映天山"等官方微博账号，其中"直播新疆"粉丝量 200万左右，粉丝遍布全国，是新疆粉丝最多的媒体微博；开设有"丝

图 1　新疆广播电视台

路视听""新疆949交通广播"等微信公众号，全台微信矩阵粉丝量超过300万，其中交通广播的微信粉丝超过100万，在全国广播频率微信百强榜上排名第三。

2019年，新疆广播电视台认真落实习近平总书记主持的中共中央政治局在人民日报社就全媒体时代和媒体融合发展举行第十二次集体学习时的重要讲话精神，坚持"台网并重、先网后台、移动优先、融合传播"的战略思路，按照建好自有平台、用好社会平台，对新疆广播电视台媒体融合发展实施"台党委定目标、台领导抓调度、总编室监管、融合发展中心统筹、新闻和节目中心入驻、丝路视听新闻客户端优先、社会公众号自营统管"的规划，推动传统媒体和新媒体在"传播、服务、经营"上的深度融合。

图2　新疆广播电视台媒体融合工作区

目前，新疆广播电视台已形成以广播电视节目和网站为基础，丝路视听客户端为龙头，社会化平台公众号为两翼的"丝路号"全媒体传播矩阵；一批全媒体品牌栏目和品牌工作室正在形成；传统广播电视记者正向有眼力、脑力、脚力、笔力的全媒体人才队伍转型；一条政府资源与用户服务、商业活动相融合的新业态经营之路正在探索中；新疆广播电视台已是具有地区传播力、引导力、影响力、公信力的全面深度融合的媒体。

二、成长项目基本情况

"一语多译智能平台"是新疆广播电视台和科大讯飞合作的基于人工智能技术，实现汉语与维吾尔语、哈萨克语、柯尔克孜语、蒙古语进行文字语音多向互译的智能翻译平台。

搭载 AI 深度学习引擎，实现了汉语、维吾尔语、哈萨克语、蒙古语、柯尔克孜语等多民族语言的输入、制作和综合生产。在新疆广播电视台近十年的新闻、编译等节目 30 多万篇稿件基础上建立语料库，进行深度学习，实现对汉语、维语、哈语、蒙语、柯语等多民族语言的语音识别和自动翻译，通过深度学习提高翻译准确率，极大地提高了译制工作的效率，节约传统人工翻译的成本。

一语多译通过专业语料数据不断自动学习和更新迭代，平台在文字及音频识别能力会进一步提升，将极大助推多语种广播的融合与发展，对新疆广播电视台多语言翻译工作起到了非常显著的促进和提升作用。同时，平台所展现出的应用价值将给新疆媒体行业的语言处理工作提供一个全新的发展空间。

新疆广播电视台原少数民族语言译制模式操作复杂、耗时长、错误率高，通过研发一语多译智能技术，将汉语文稿内容以及汉语与维语文稿内容互翻互译，便于稿件编辑人员及时校对和修正，满足了新疆广播电视台多语种文稿内容播报的需求。

平台系统架构上分为 5 个层次，从基础支撑层、核心能力层、应用服务层到应用接入层分层、前端软件封装，对外提供稳定高效的服务，并具备扩展性、可伸缩性和高可用性。

在合作部署方面，新疆广播电视台主要承担人工智能技术的语料数据资源的支撑任务，科大讯飞公司主要负责相关技术的研究及智能算法实现。新疆广播电视台提供的语料及语音资源将由科大讯飞通过平台进行智能拆分，完成逐句对应等多项的语料预处理工作。

维吾尔语与汉语双语平行句对目前累计收集 1400 万以上，其中 140 万语句对 包括"查词""翻译""转写""听写"等功能，平台可针对文本数据进行导入翻译，通过智能识别文字及语料数据，实现汉维文本及语音互译的功能。可将汉语或维吾尔语音频文件导入平台进行识别，转换为相应文字。支持音频识别功能，可对语音输入进行识别转写，如可以将汉语音频直接转写为维吾尔语文字。

一语多译智能平台已经在新疆广播电视台维吾尔语综合广播、维吾尔语交通文艺广播以及新疆新闻在线网进行部署，文字翻译准确率在 85% 以上，传统翻译岗位压缩，工作效率有了质的飞越，随着一语多译智能平台通过专业语料数据不断自动学习和更新迭代，平台的文字及音频识别能力会进一步提升，将极大助推多语种广播电视的融合与发展。

三、媒体融合进展情况

（一）建设融合媒体技术平台

新疆广播电视台 2018 年 7 月建设融合媒体"中央厨房"，存储量 190TB，可运行非编工作站 20 套、多媒体编辑终端 30 台，拥有 22 台虚拟化服务器，虚拟 100 台服务器运算能力，架构 2 套四通道智能收录系统；新闻网存储中心存储容量达 390TB，运行非编工作站 90 套，拥有 3 个新闻直播演播室。

图 3　新疆广播电视台融合媒体平台机房

"中央厨房"汇聚系统已打通广播电视节目内容资源的共享通道，实现广播电视和网站内容、记者外采回传、4G 直播等各类信息的多源汇聚；指挥调度系统可以通过实时定位系统和舆情数据分析，对新闻线索和各地记者通讯员进行统一调度；内容生产系统融合音视频、图文、直播、微博、微信等多媒体编辑工具，报题、采编、配音、制作、审核、发布等都可通过 PC 端和移动端共同完成，实现多元生产。

首先，将全台网（传统媒体制播网）与新媒体内容生产制播网络在安全可控的前提下打通，实现传统媒体与网络媒体的交互；其次，按照内容汇聚、融合编辑、资源共享、审核发布、统计考核的流程，推进统一指挥调度，以满足针对重大事件、重大活动的快速响应和融合报道；再次，加强自主移动新闻客户端的建设，开通微博、微信，作为广播频率、电视频道与网民、观众、用户互动的窗口；最后，通过大数据、人工智能技术，研发部署一语多译智能翻译系统。目前已通过人工智能技术实现了汉语和维吾尔语的语音识别和互译功能。

（二）坚持移动优先

明确重点打造"丝路视听"App，使之成为新疆广播电视台媒体融合的重要抓手、主运营平台和推进媒体融合机制改革的试验田，引导现有广播电视节目与之紧密结合，鼓励内容生产人员通过"丝路视听"App，逐步向新媒体转型，并致力于内容生产IP化和产业化。

广播各档节目，均须在节目开始和结尾处播出"丝路视听"宣传语，在广播直播节目中需一小时不少于三次提及"丝路视听"App和本频率网络节目内容，引导听众到客户端收听，电视各档节目嵌入"丝路视听"App下载二维码，引导观众下载客户端。

明确"丝路视听"App是新疆广播电视台各专业广播电视和部门大型宣传报道、品牌活动的首选移动平台，各频率、频道、中心应与相关部门共同策划多媒体呈现方式。涉及音、视频移动直播的节目、活动，丝路视听App必须作为首选平台，按照"台网一体，移动优先"的原则，鼓励各频率、频道、中心在播且适合网络传播的主打节目优先在客户端播出，并按照客户端的特点进行宣传推广。

四、成绩成效与社会反响

（一）实现传统体育赛事与移动直播的完美结合

天山马拉松比赛期间新疆广播电视台进行了全程网络转播，这次转播采用广播级摄像机、无人机、手机共同采集信号，通过 4G 背包回传，卫星直播车收集，移动导播台进行互联网推送，专业体育赛事团队制作的高清视频，通过移动互联网播出后受到了网友的广泛好评，移动端收看人数超过 40 万。

图 4 新疆广播电视台直播技术保障设备

图 5 新疆广播电视台融媒体直播"天山马拉松"现场

（二）实现 VR 直播及节目录制

2019 年 9 月 10 日，"丰收中国·新疆美"农民丰收节大联欢晚会在巴音郭楞蒙古自治州尉犁县兴平乡达西村举办。新疆广播电视台通过与"新疆联通"和"中科大洋"合作，在新疆首次实现了

"5G+VR"移动直播。

图 6 "5G+VR"移动直播

（三）《主播秀》秀出时代风采

在庆祝新中国成立 70 周年之际，新疆广播电视台打通全台广播电视资源，充分发挥主持人、播音员和出镜记者的优势，在"丝路视听"App 推出了《主播秀》栏目，《主播秀》一经推出，就受到了网友的欢迎，许多主播现在都把《主播秀》作为推介节目和展现个人风采的平台。

新疆广播电视台

内容向上生长　服务向下生根

——众望客户端智媒体

2014 年以来，党中央多次研究部署媒体融合工作，持续进行顶层设计。文件间隔时间越来越短，要求越来越高，可见推进这项工作的重要性、紧迫性。在此背景下，"众望新闻"客户端以中央顶层设计为指引，按照公司战略部署，顺应国家方略和时代要求，抢抓大数据智能化创新发展机遇，探寻"众望客户端智媒体"的发展之道。

一、以顶层设计为指引，找准深融路径

推动媒体深度融合，已经成为国家治理能力现代化的重要构成，必须放到国家治理体系的高度来理解、对待、推进。"众望新闻"App 的融合发展，不是一次简单的客户端迭代，而是一次立足未来的全新出发，力求将新闻宣传和舆论动员的天然属性与国家治理相结合，在推进国家治理现代化的进程中有所作为。

建此项目，多彩贵州网有限责任公司目标明确、定位清晰、手段科学、路线坚定，制定了"三智媒体"的产品定位；信息提供方、

服务承包方的功能定位；内容向上生长，服务向下生根，实现数据驱动下的社群运营生态。

二、创新点

"众望客户端智媒体"有三个创新：第一，具备强大社交功能，通过做精问政服务平台、民生服务平台，以导向为魂，做舆论定向的举旗者、社会运转的协调者、智能治理的创新者；第二，用户共建、共享、共治，以内容建设为根本，生产全程全员，建立智慧主导的内容体系；第三，构建移动媒体社群矩阵生态，以先进技术为引领，传播全息、全效智能服务体系。

三、以用户思维打造平台

无论是视觉体验、用户体验，还是社交、互动，"众望"客户端都具备了新型主流媒体的特点，在成长期已彰显优势。只需"一键钟情""再键倾心""三键相守""四键相依"，就可以黏住用户，实现在贵州看"众望"、听"众望"、问"众望"、用"众望"。"众望"客户端智媒体项目于2020年7月28日上线，截至年底，下载量已经达620万，取得了卓越的实践效果。

（一）一"键"钟情——始于颜值

我们深谙这是一个"重颜值"的时代，所以"众望"客户端力求视觉高端，专题搭建，和而不同，文章页面赏心悦目、精益求精，动态开屏海报，彰显热点与主题。重大节点，推陈出新，通过用情用心、有品有质的设计，呈现出高端、大气、别致的"众望"，让用户愿意看，喜欢看，使党的声音传得更开、传得更广、传得更深入。

图1 一"键"钟情——始于颜值

（二）再"键"倾心——源于体验

"众望"客户端提升了内容传播效果，实现了单项式传播向互动式、场景式传播的改变，紧盯技术前沿，在平台终端实现了视、听、读、聊，全沉浸式的用户体验，丰富了传播形态、传播样式：

1. 为了加大音视频内容供给，单独规划了众视频道。直播、短视频、VR 已成为"众望 5.0"头部产品。

2. 音频方面，除了独立的众听频道可以采用"UGC 模式"（用户原创内容）生产音频内容外，每篇文章都用语音智能播报，并运用 AI 技术，实现虚拟主播，充分改进话语方式，用新颖的网络语言讲道理、讲政策，把"有意义"做得"有意思"，把"重要的"做成"需要的"，让用户爱看、想看。

3."众望"还通过个性算法，实现了内容精准推送。

4.拥有自主开发的IP——小望机器人，采取人工智能与编辑干预的结合模式，与用户对话聊天，提供资讯服务。

我们通过内容主流化和年轻态有机统一，用更年轻的传播介质来宣传好党的主张、反映好民生冷暖，引领社会，凝聚人心。

图2　再"键"倾心——源于体验

（三）三"键"相守——立于服务

互联网服务领域有一句口号："得用户者，得天下。"重建用户连接是媒体融合的核心问题。"众望"客户端通过强大的社交功能，留住用户、服务用户。以"众望"命名客户端，并设计了以"众"字为统领的多个频道，传达"贴近群众、服务群众"的平台特色，通过"众问""众要""众圈"三大开放互动体系打出一套新媒体运用的组合拳，全面参与到市民生活方方面面。

1.通过"众望号"，发掘、助力优质的政务新媒体、企业新媒体"C位"出道，通过平台算法、数据驱动，实现优质内容聚合传播，完成在主流价值观下对全社会内容资源的配置。

2."众问"下的问政体系，根据用户需求进行政策解读、问题回复。按照中央媒体融合建立"新闻＋政务服务"的要求，优化已有的"书记—省长—群众"直通交流台，对用户留言类型、问题领域进行审核，分发督办及回审。为了促进省直等相关部门事事有答复，设置了"问政排行"板块，定期发布。充分发挥了上情下达，下情上传，全天候关注群众反应，引导热点，疏通舆情，打通两个舆论场的主流媒体的作用。

图3 三"键"相守——立于服务

3."众要"是以民生为主的社交平台，是用户帮用户的体系，任何一个用户进入，都可以成为 B 端"帮主"，也可以是 C 端用户，可进行 UGC 新闻报料，也可寻求商业、生活的相关帮助。

4.在"众圈"中，我们细分用户圈子，比如金融圈、律师圈、观影圈等。使各个层级的用户在这个开放平台玩起来，最终推动"社群＋"战略，为"众望"客户端增加内容的广度、厚度、维度。

（四）四"键"相依——系于技术

陪伴是最长情的告白，新媒体最显著的特点就是交互，"众望"客户端开发了大量个性化的运营产品陪伴用户，通过"众粉商城"吸引商家进驻，流量变现；实现"福利活动天天有，望粉节日月月新"。以"挖彩蛋"为例，不定期在端内文章中随机埋入"彩蛋"，用户如果碰巧读到此篇文章，就会被"彩蛋"砸中，获得一份惊喜大礼。

图 4 四"键"相依——系于技术

　　"众望客户端智媒体"项目萌芽的自信、生长的底气、发展的势头与"多彩贵州网"旗下七大资源的融合协作密不可分，需要接驳的外部资源，在企业内部均可实现："一网一报两微四端多号""学习强国贵州分平台"以及对 88 个县级 App 统一管控的"贵州省宣传文化云"，夯实了"众望 5.0"讲好贵州故事的基础；三大服务平台："贵州电子政务云"，下载量 4000 万的"多彩宝"，"贵州电子商务云"，保证"众望 5.0"政务、民生服务 99% 的接入；400 多人的技术团队，通过了 CMMI5 级国际权威认证的研发实力，是"众望5.0"傲娇的技术保障。

　　通过基因进化、内容进化、产品进化、组织进化，"众望 5.0 智媒体"已初长成。打造出媒体深度融合新样本，探索出了新政务、新服务、新商务的新路径。

多彩贵州网·众望新闻中心

佛山车主服务聚合平台——畅驾

2020 年佛山市汽车保有量突破 300 万辆，车辆密集覆盖中心城区。数据显示，佛山小汽车日均使用次数高达 2.65 次，高于北京、广州和深圳。受轨道交通建设以及多条重要道路改造等因素影响，近年来佛山市交通拥堵情况呈现日趋严重的趋势。城市拥堵指数已连续两年位列全国前五。

一、"畅驾"手机客户端市场定位

在"移动优先"时代，传媒的受众思维正逐渐转向用户思维，移动化、可视化、平台化成为媒体融合发展的重要趋势。2014 年 9 月 24 日，佛山电台整合交通、气象、资讯、节目、汽车服务等方面的资源优势，上线了融媒体产品——"畅驾"客户端，立足佛山本土，集电台收听、节目互动、交通资讯、出行信息、互动社区、汽车服务为一体的移动客户端，既是佛山地区权威的交通信息平台，更是本地车主人群的精准车生活服务平台。

目前"畅驾"客户端总下载量超 250 万，有效注册用户达 35 万，月活用户超 22 万，路况模块点击量超 800 多万次，年度节目收听超 500 万次，前三季度直播收听次数超 300 万次。并在 2016 年至

2017 年连续两年获得"全国广电融媒创新项目 20 佳",是唯一入选此殊荣的地级市媒体。

图 1　畅驾车主服务周：好物推介活动

"畅驾"用了 6 年时间进行产品打造和推广，从交通出行信息服务延伸到线下的本地车生活服务；并将畅驾平台公司化运营，优选本地车主服务，开拓了"畅驾年检""驾驶员换领证自助体检机""新车 6 年不脱检"等多项业务，围绕着本地车主服务开展延伸产业，实行"流量入口＋实体运作"的模式，以平台带服务，以服务撑平台，进一步做大品牌及平台估值。

"畅驾"现已实现从一款 App 到车主服务平台的全新蜕变。畅驾平台的发展，标示着佛山电台从信息服务向用户精准服务的战略转型，也承载着权威主流媒体推动地方行业发展的重要探索，形成极具地方特色的融合之路。

二、"畅驾"平台特色

（一）主流媒体 + 垂直市场

佛山电台是本地唯一专注交通的主流媒体，开播超过 30 年，以其权威主流媒体的影响力、公信力、传播力，与交通、交警、气象、运输、车管等单位及部门通力合作，提供本地权威的路况资讯和出行服务。

"畅驾"承载其在汽车、交通领域的融媒转型布局，从节目收听、路况资讯、社区互动、车主服务等一揽子服务车主的出行和生活。

（二）互动社区 + 车主服务

"互动"是广播与互联网所共有的属性，围绕着出行及车生活，"畅驾"打造了节目互动、路况问答、兴趣社群等互动社区。以节目带动话题，以话题驱动社区。

通过广播电台定位车主圈层，聚拢精准的高价值人群；而互动带来极高的打开率和极强的用户黏度，令新闻信息服务及其延伸的

图 2　畅驾 VIP 活动日：为用户量身定做的线下活动日，
多途径搭建汽车客户服务平台

线下用户服务覆盖了汽车及手机两大"移动终端"的使用场景。

（三）流量入口 + 实体运营

在佛山，"畅驾"已经是一个车主服务平台级流量入口。

2019 年 7 月，佛山人民广播电台筹备、注资成立了"佛山畅驾传媒科技有限公司"，以公司化方式对畅驾平台进行商务运营，着力流量变现及平台增值。新公司将通过合作、定制、授牌等形式，链接汽车、驾考、保险、银行等优质商业机构，优选本地车主服务，开拓基础型车主服务资源，以平台带动服务，以服务支撑平台，打通车主服务"最后一公里"，建立车生活消费评价体系。

三、"畅驾"融媒创新尝试

（一）创新全媒体节目——"畅驾"让广播与听众实时无距离接触

2020 年新冠肺炎疫情期间，FM92.4 频率将节目表进行了大幅调整，大胆将收听率、点击率较低的节目取消，结合听众对伴随性收听及车载收听的特性，配合新媒体平台，设置了全天早午晚 3 大板块、共 6 小时的全新点歌节目《畅驾欢乐点》，呼吁听众登录"畅驾"App 留言分享想点唱的歌曲，精选留言会由当班主持人读出并分享听众的感言和金曲。

节目推出即吸引大批听众留言互动，拉近了主持人与听众的距离，激发了听众极大的参与感，大幅增加了听众的收听黏度。《畅驾欢乐点》节目更一跃登上频率年度收听率前三位。

（二）创新全媒体带货——"畅驾"让广播有更广渠道、更大可能

2020 年刮起"线上带货热"，"畅驾"结合频率交通广播的特点，精心策划"618 畅驾年检节""团购秒杀夏日清凉药品""超低价团购旅游景点门票""省内带团游"等丰富活动，引导听众通过畅驾平台进行留言咨询、线上购买、评价等，令线上收听率、互动率、点击率均取得了不小的提升。

（三）创新全媒体互动——"畅驾"让广播能听、能看、更能参与其中

2020 年春节，"畅驾"推出两款新春小游戏——"现金红包雨"和"手速数钱"，每天固定游戏时间让听众轮流参与，为新冠肺炎疫情期间居家的人们提供小小的解闷方法。"双十一剁手节"当天，"畅驾"别出心裁制作了"只要按着不松手，你就不会被剁手"小游戏，在一众"买买买"的漩涡中带起独特话题，吸引大批新粉注册。

（四）创新全媒体直播——"畅驾"让广播走入同步虚拟直播时代

2020 年年初，新冠肺炎疫情之下，企业即将复工复产，学生即将开学返校，佛山第一场节后"复工复产指引直播"采用绿幕虚拟直播室直播，真人演示防疫指引，科普疫情防控重点，提供权威热点信息。每场直播超 600 万人在线观看，播放量最高达 800 多万。后期更形成不同系列的短视频，并广泛传播，成为新冠肺炎疫情后初期复工复产的一部权威指南。

图 3　"畅驾"抗疫节目多媒体直播：新冠肺炎疫情时期
佛山首个抗疫专题类直播节目

四、商业市场发展

2020 年，新冠肺炎疫情导致的流动管控进一步凸显融媒的重要性，"云化""在线化"和"便民化"发展进一步深化。畅驾平台利用互联网手段，升级完善一系列无接触车主服务，为安全出行进行赋能。

（一）"畅驾"年检

2019 年 9 月正式上线的"畅驾"年检业务，是由"畅驾"所打造的线上线下一体化服务体系，采用最新互联网技术，包含 GPS 轨迹跟踪、联网佛山五区车管系统等特色原创功能，向保险、银行等 B 端平台客户和 C 端车主客户提供一站式代办服务，构建一个完整的"平台—车检—客户"的服务闭环。

代办年检业务，也成为新冠肺炎疫情期间和复工复产阶段车主避免人群聚集的非直接接触办理业务的最佳选择，全程实行预约制，做到"足不出户，安全养车"。2020年6月18日，"畅驾"举办线上"年检节"，以性价比极高的服务吸引了近5000位车主下单。2019年全年共完成代办年检业务18475单，在车主市场中逐渐建立起自己的口碑。

图4 "畅驾"年检服务：网上下单，线下接车，全程线上可追踪查询进度及车辆实时定位

（二）驾驶员换领证"自助体检机"

佛山在换领机动车驾驶证方面推出了"警、医、邮合作模式"，为助力"放管服"改革，"畅驾"公司作为业务推进的承载主体，自2019年9月起具体运营了换领驾驶证的"自助体检机"业务，开拓新型政务合作形式。

目前已经在佛山各车管所、行政服务中心及驾校设置了近50台自助体检机，全年销售规模超411万元。"畅驾"投放体检机站点的铺开对"后疫情"阶段，为车主提供更方便和安全的服务渠道。

（三）"畅驾"抗疫消毒板块

新冠肺炎疫情防控期间，"畅驾"平台紧密响应号召，一方面迅速联合佛山5区近百家优质汽车洗美门店，每家都有专人到店考察，从中严选出一批符合服务标准的合作点，如具备统一消毒的店面，严格检测服务人员每天的健康状况，服务过程佩戴口罩及手套等，为车主提供值得信赖的线下门店服务；另一方面，利用自有技术团队的优势，同时搭建对应的线上平台；两方同步发力。短短不到一个月时间，就上线了"畅驾抗疫消毒板块"，助力复工复产，并联动各汽车服务机构推出"洗车消毒除菌优惠"，为车主把好车内防疫第一关。

今年"畅驾"汽车消毒模块销售额超20万元，同时，在此基础上，"畅驾"的商家服务模式渐露雏形。

（四）"畅驾"钱包

"畅驾"与佛山农商银行合作推出"畅驾钱包"，尝试通过"畅驾钱包"可实现在线支付、资金结算、红包发放、红包入账、贷款等相关金融产品和业务，实现双方共赢。不仅保证了客户的资金安全，还可以在此基础上产生诸多延伸。如活动红包、邀请红包、满减等业务，丰富了业务的可能性，也为客户及服务商的资金安全提供了坚实的保障。

（五）"畅驾"商城

"畅驾"在深挖汽车市场服务的同时，也不断拓展其他领域的产品。比如通过合作将旅游、饮食、休闲、娱乐等深受广大用户欢迎的产品进行上架，将"畅驾"App打造成一个主打汽车服务，集吃喝玩乐于一体的综合性 App，从另一角度上增加用户的黏性和趣味性。

五、"畅驾"下一步发展规划

畅驾平台拥有"官方支持＋主流媒体"的背景，整合聚拢各方资源，或是寻找 B 端大客户，都拥有权威背书、品牌效应等天然的优势。以公司化的方式"灵活"运营，变现方式不仅局限于线上，而是落地线下基础型车主服务产品，与市场更接地气。

"后疫情"阶段催生"畅驾"平台发展"按需定制"个性化服务，反哺广播电台较为单一的业务形式，整合佛山电台 B 端资源，为 B 端客户提供除传统广告外，更多的服务与选择，令客户看到长远价值与完整性。

比如和中国平安等 B 端用户合作，实行双管齐下方式，采用"线上传统广播＋融媒抖音"，实现流量变现；再有资源服务型深度合作模式，畅驾平台作为 B 端用户洗美维保资源和年检服务的供应商，实现资源共享互通。对于 C 端用户，则采用即时、定点、定向等全方位模式，为用户提供全面的解决方法。

接下来，"畅驾"仍将围绕着本地车主服务开展延伸产业，发挥融媒结合的优势，以平台带动服务，以服务支撑平台。不断追求卓越，为城市发展赋能。

广东省佛山人民广播电台

慧政惠民两条路径，城市大脑民生服务进家庭

一、项目背景

建设城市大脑是推动城市治理体系和治理能力现代化的重要举措、必由之路。近年来，按照浙江省委省政府"要高标准谋划推进城市大脑等一批标志性工程"决策部署，我省在全国率先规划了城市大脑建设顶层设计，建设了一批各具特色、成效明显的城市大脑场景，培育了技术领先、体系健全的产业生态，探索走出了"两个市场""两种资源"共同发力的开放发展道路，城市大脑建设取得了阶段性成效，展现了较高的集成度。

2020 年 3 月 31 日，习近平总书记在浙江考察期间对杭州市运用城市大脑提升交通、文旅、卫健等系统治理能力的创新成果表示肯定。

二、公司介绍

华数传媒网络有限公司（以下简称"华数"）是华数集团旗下专业从事数字电视网络运营与新媒体业务的上市公司，主营业务包括

杭州地区的有线电视网络与宽带运营业务，面向全国的互动电视、互联网电视、手机电视与互联网视听等新媒体业务以及智慧政务、智慧安防、智慧校园等智慧城市业务。

公司贯彻落实国家广电总局关于推进"智慧广电"建设和浙江实施数字经济"一号工程"、杭州打造"全国数字经济第一城"的战略部署，抢抓历史机遇，加快转型发展，以"领先的数字化社会赋能者"为战略愿景，以"网络智能化、业务融合化、产业生态化"为战略方向，通过在组织变革、网络建设、用户服务、技术支撑、产品创新、生态融合、管理运营等方面的持续创新，加快向智慧广电综合运营商和数字经济服务提供商转型。

三、建设方案

2018 年年底华数参与杭州市政府城市大脑项目建设，作为专班对接城市大脑的数据中枢系统，与各局委办紧密合作，在华数的互动电视家庭端、酒店电视端以及手机端上线城市大脑频道，围绕便民服务—社区生活—城市治理，打造"老百姓的城市大脑"，助力智慧城市建设。

华数城市大脑实时展现与老百姓生活相关的民生信息，如交通出行、停车引导、景区咨询、天气状况、今日菜价等。同时华数搭建数据汇聚平台，与第三方企业如钱江晚报、电视淘宝等合作，通过华数的大数据推荐和算法模型，结合华数用户画像，为老百姓提供精准的出行游玩、3 公里服务圈、智慧校园、医养通、最多跑一次居家办等全方位的便民服务。

产品建设分为三个阶段：

第一阶段：作为专班对接城市大脑的数据中枢，实现各类数据信息的展示。

第二阶段：发布城市大脑移动端产品；同时积极响应浙江省最多跑一次改革，在城市大脑上线居家办栏目。

第三阶段：基于城市、社区、家庭三个维度，打造以数字化、人本化为导向的一站式城市综合信息服务平台。

图 1　华数城市大脑平台架构

四、创新实例

（一）连接城市大脑中枢平台，数据多端落地服务民生

华数城市大脑项目成立以来，先后在华数电视大众版、酒店版上线，并在华数电视 App 上以一级栏目上线。实现了一个后台系统、一个数据库对接多个终端，实现多场景应用。

根据使用场景不同，大众版、酒店版、移动端的界面有所区分，服务也各有侧重。大众版面对家庭用户，主要以生活服务、交通出行、旅游信息展示为主；酒店版主要旅游板块为主，涵盖景点周边交通、天气信息等；移动端则通过定位展现3公里服务圈的周边生活服务。

图2 城市大脑三端业务形态示意

在交通出行方面，结合高德地图实时查询路况信息及地图定位功能，同时根据华数 BOSS 精准的 7 级地址计算机顶盒的经纬度，向用户提供用户周边的实时路况、推荐就近的车辆检测机构；提供每日出行的限行数据、主城区的交通拥堵情况，给用户出行提供实时数据参考。

为了响应"最多跑一次"改革，华数推出了自主研发的 24 小时办事综合自助机，自助机可以直接办理、查询、打印、缴费等共计 207 项业务。目前全市部署已近 1900 台，提供服务超过 180 万次。为了进一步提升用户的办事服务体验，2019 年华数推出了"居家办"栏目，成为城市大脑重要板块之一，让"最多跑一次"升级为"一次不用跑"，让老百姓在家就能把事儿给办了。

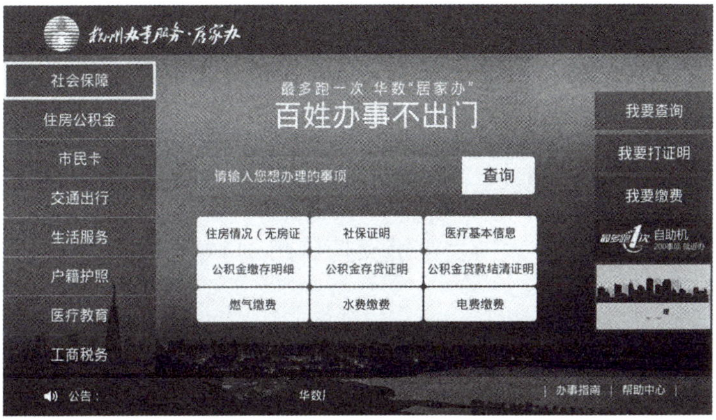

图3　华数"居家办"

（二）大数据建构数据模型，结合用户画像定制出游路线

华数自有成熟的大数据推荐和算法模型，结合华数用户画像，针对杭州及周边200多个景点进行深度计算，并针对景点进行标签管理，形成约2000多条周末出游路线，涵盖一日游、二日游、亲子游、户外游、休闲游等路线种类，每条路线站点包含了景点、商场、民宿等。丰富的出游路线满足不同家庭结构人群、不同休闲喜好群体的出游需求。

景区资讯栏目提供200+景点，让用户在家就能游遍杭城景点，包含了西溪、西湖、千岛湖等AAAAA级景区，也包含了博物馆、游乐场及网红景点；除提供景区的基本简介外，也向用户提供景区周边的路况、公交站点路线、停车位等实时信息。

（三）电视端社区服务平台紧密围绕3公里服务圈

社区是百姓生活的辐射物理范围之一，为用户提供社区便民服务是华数居家服务理念。城市大脑今日菜价栏目推荐用户附近的菜场物价，让老百姓不再买贵的菜；智慧校园将课堂和校园生活带入家庭，成为学生的家庭教师；医养通连接家庭和医养服务机构，成为老人和宝宝的健康管家；停水停电公告也能在电视上及时了解。

为满足各分子公司社区业务，基于城市大脑建成社区服务平台，通过社区平台服务大小屏用户，涵盖物业管理、社区服务，集成 9 大场景的后台。该后台能够支撑杭州 4111 个社区在华数电视平台业务呈现。

（四）搭建本地生活服务平台，承载更多第三方应用

除了将城市大脑抽象的中枢数据在电视端展现外，华数从贴近用户生活的角度围绕"吃穿住行游"让数据接地气，搭建了本地生活服务平台，成为第三方平台及合作方业务承载的渠道之一。如在菜价栏目上与"饿了么"进行合作，推荐用户周边的菜场信息，并在电视端实现下单购买；与《钱江晚报》的《城市日历》栏目实现接口对接，在 TV 和手机端展现更多精彩的演出活动等。

五、应用效果

2020 年在新冠肺炎疫情期间，城市大脑栏目根据疫情防控的不同阶段，配合政府的抗疫举措，电视屏和手机屏及时策划上线了科普知识答题、疫情新闻早知道、疫情数据展现、疫情地图、发热门诊查询、防护知识科普、在线逛展览、心理咨询、城管在行动等一系列专题内容。

城市大脑频道覆盖杭城 250 余万家庭用户、30 余万酒店客房及 45 万移动用户，每日活跃访问量 10000+，疫情专题上线期间，城市

大脑日活跃用户从 6178 人增至 24841 人，增加 302%。

2020 年华数也在医疗、养老、未来社区服务等领域积极探索新的业务场景：

携手和睦街道，打造《颐乐和睦》线上养老服务综合街区，和睦辖区华数用户通过"阳光 e 家"即可预约点餐、助浴、助医等上门服务，了解辖区最新活动和通知。

图 4 和睦街道"阳光 e 家"

与公安合作建设《平安江干》社区反诈宣传平台，利用华数家庭电视覆盖面广、普及率高的入户宣传优势，在华数互动电视平台上线防诈骗视频专栏和 ETC 弹窗提醒，取得显著成效。

华数与杭州博物馆合作，打造新的博物馆展示平台——云上博物馆，精选馆内历史文物，并用视频、音频等方式，让用户在浏览文物高清大图的同时，可听文物解读，增强体验。

与建德市共建健康服务平台，通过远程视频诊疗、动态监测记录，方便医疗养老服务机构和组织向居家老年人提供助医等服务，老年人坐在家里打开电视就能和医生面对面交流，让养老服务深入群众"最后一纳米"。

六、发展展望

为深入贯彻习近平总书记关于"希望杭州在建设城市大脑方面继续探索创新，进一步挖掘城市发展潜力，加快建设智慧城市，为全国创造更多可推广的经验"的重要指示精神，2021年华数城市大脑将继续秉持着"慧政惠民"的初心，围绕华数电视自有平台以及互联网资源在现有业务场景下不断探索新的发展空间。

（一）深化社区邻里服务

营造特色邻里文化。突出人文多样性、包容性和差异性，营造承载民俗节庆、文艺表演、亲子互动等公共活动的社区文化公园。

构建邻里贡献积分机制。探索建立服务换积分、积分换服务激励机制，为居民之间相互提供教育、出行、看护等各类服务提供非货币介质。

打造邻里互助生活共同体。依托社区智慧平台和积分机制，充分发挥居家办公、自由职业者、志愿者及专业退休人员的特长和特色优势，为社区和居民提供放心安全的服务。

（二）城市文化再升级

积极响应浙江省政府印发实施《浙江省诗路文化带发展规划》，通过线上内容展示，线下运营相结合，打造电视端的"江南忆，最忆是杭州"，带领市民领略城市各个角落的风光。

同时，在现有博物馆资源基础上，拓展与杭州各大博物馆的线上合作，将更多线下博物馆搬到电视端和手机端。让用户可通过电视大屏 VR 游览博物馆，足不出户细看每一个展品，各大展览均不错过，同时实现大小屏交互流畅体验。

（三）丰富酒店版城市大脑

用好酒店端的城市大脑也是为 2022 年的亚运会提前做部署，针对酒店用户群的特殊性，城市大脑将面向旅游文化开发新的应用场景。可根据机顶盒的地址定位，结合生活服务内容的数据，向用户推荐附近的网红美食打卡景点等功能。

2021 年华数将结合杭州文旅景观和华数高新科技天然融合的优质特点，基于城市大脑大数据场景应用和华数"智眼"覆盖，构建首个城市景观全天候实时"慢直播·漫杭州"频道，全天 24 小时传播杭州，实时发现独特韵味的杭州，打造"永不落幕的人间天堂"。

华数传媒网络有限公司

融合聚变　拥抱未来

——广西广播电视台"中国—东盟云"项目

一、基本情况

近年来，广西广播电视台作为中国—东盟自贸区前沿的区域性国际传播媒体，积极与东盟各国媒体开展全方位合作，逐步构建起涵盖外宣广播频率、影视译制、网络新媒体、外宣期刊、东南亚工作站的对外传播体系，面向东盟国家输出广播节目、中国影视剧、杂志、网络信息等多语种内容，实现对外传播立体化、系统化和多元化。与越南、柬埔寨、老挝、泰国、缅甸等东盟国家电台、国家电视台建立了长期友好合作关系，并在柬埔寨、老挝、泰国设立了工作站，常年派驻人员驻站开展节目编译、配录音、采访、译制剧推广、技术交流等工作，节目交换、人员交流、高层互访。

广西广播电视台对东盟国家的文化产业及媒体发展现状有深入的了解，对东盟国家的外宣工作有独到的区域优势、媒体合作优势、多语种人才优势和文化交流优势，具备良好的国际化传播基础。当前，东南亚国家普遍经济水平不高，文化产业发展不发达，新闻媒体在互联网、云计算和大数据等新技术运用方面较为滞后，媒体融合发展缓慢。

中国—东盟云项目根据东盟国家媒体发展现状，构建轻量化、可定制的媒体融合生产模式，建立新型国际化的采编发技术体系，提升东盟当地媒体融合以及信息化水平。同时，该平台可为东盟国家媒体定制个性化的融媒体产品，进一步深化与东盟各国媒体全方位合作，对推动东盟国家信息化发展水平，加快当地媒体融合发展步伐，提升当地媒体传播能力起到重要作用。依托这个平台，还将在东盟国家建立移动端内容快速推送模式，创新移动端外宣新闻产品，构建移动传播矩阵，实现"多国采集、多元传播、覆盖东盟、全天滚动"的目标。

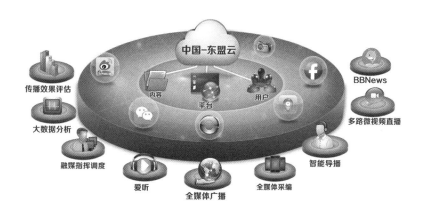

图1　中国—东盟云

中国—东盟云项目全面聚合东盟国家的信息资源，开展融合传播，为东盟国家开创"中央厨房"式的内容生产流程，实现信息内容、技术应用、平台终端、人才队伍的全面共享融通，成为广西广播电视台以及东盟国家媒体内容产品生产和发布的全媒体采编中心和信息枢纽。依托这个平台，建立"社交媒体首发、全媒体跟进、融媒体传播"的传播格局，推动东盟新闻生产模式转型创新，全面提高我国媒体的国际影响力和传播力。同时，本项目还将全面支撑广西广播电视台多语种内容生产和聚合，开设越南语、泰语、缅语、柬语、老语等五个语种的境外社交媒体账号，面向东盟宣传广西，并与北部湾之声外宣频率、国际频道、北部湾在线·新媒体以及《荷花》双语杂志形成多媒体联动的立体化外宣新模式，全面提升东盟外宣影响力，促进广西打造面向东盟的西南中南地区开放发展新的战略支点。

中国—东盟云将实现中国与东盟国家信息交流的无缝对接，实现各国新闻信息的资源共享，有利于更深入了解东盟国家的经济、政治、文化发展现状，对加强"一带一路"网络空间的全面合作起到积极推动作用。

2017 年，中国—东盟云项目获得中央文化产业专项扶持资金，并于当年启动建设，广西广播电视台共投入资金约 1600 万元建设项目第一期工程。2018 年 7 月，中国—东盟云建设完成，包括多语种全媒体采编审播发一体化系统 (支持越南语、泰语和英语)、多语种内容生产中心和私有云支撑平台等核心子系统，研发全媒体可视化平台、全媒体移动采访系统、融媒体指挥调度中心、微信矩阵互动平台等产品。

以下是中国—东盟云的主要应用系统：

（一）多语种全媒体采编审播发一体化系统

多语种全媒体采编审播发一体化系统在 2018 年全国两会前投入试运行。该系统打通线上线下、前方后方，通过广播、"两微一端"、网站、期刊、多语种落地节目等传播平台和渠道，依托北京"全媒体多语种"演播室，采取"多国采集、多元传播、覆盖东盟、全天滚动"的形式，推出新闻专题、视频访谈、H5 等多样态新闻产品，及时推送和权威发布两会报道共计 4300 多篇（次），阅读量达700 多万次。同时，依托该系统的移动采访 App 已经在驻东盟国家的工作站投入使用。

（二）融媒体指挥中心

中国—东盟云融媒体指挥中心大屏展示系统能够实时动态展现全台的稿件采制量、微信关注度、微信互动量和主题关注排行等数据，以及全台播出内容在东盟国家的传播情况、Facebook 和 Twitter的实时信息。

图 2　融媒体指挥中心

（三）全媒体移动采访系统

全媒体移动采访系统支持中文、泰语、英语等语种，旨在实现"多国采集、多元传播、覆盖东盟、全天滚动"的目标。通过这款产品，记者在手机上可以快速采访、编辑，插入图片快速入库、快速推送稿件。手机用户可以最先浏览到新闻，随时把图片文字、语音及视频稿件一键分享至微信好友、微信朋友圈。

全媒体移动采访面向东盟，为东盟国家记者提供全媒体融合服务，记者在当地采制一手资讯，实时分发至 Facebook、Twitter 等，构建轻量化的东盟媒体融合平台。

在第 15 届中国—东盟博览会和峰会期间，通过全媒体移动采访系统分发大量的短视频新闻，开展多路手机视频直播，共吸引 247.8 万网友点阅、观看。同时，利用中国—东盟云平台顺利完成与柬埔寨 NICE TV 电视台联合推出的东博会和峰会特别节目。

（四）全媒体可视化平台

全媒体可视化平台将广播电视节目由线性传播拓展为全媒体、全天候传播，通过打造以主持人为核心的应用场景，实现"粉丝经济"，达到传统媒体和新媒体的流量转换，把听众观众转换成用户。以此为指导思想，推动自有忠实"粉丝"量大的主持人，以短视频、直播互动、内容服务、个性化活动、电商、大数据分析为重点打造社区型、个性化、本地化、"强互动"的融媒体产品。在形式上逐步打通传统平台和新媒体平台，实现用户与主持人的实时互动和留言，打造差异化、本地化的主持人圈子，通过 PGC+UGC 模式形成新媒体生态圈和忠实的粉丝社交圈，扩大品牌影响力，实现广播电视的产业转型和升级。

全媒体可视化平台分别在广播频率 970 女主播《单身男女》和《宠爱生活》节目上线，上线第一天就引爆了在线观看人数，阅读量增加 50%，粉丝增长率暴增八倍。《单身男女》《百变配音秀》等节目的单场直播在线观看人数超过 10 万人次，第三方平台推流单场观看人数超过 150 万人次。

图3　依托社交媒体建立的全媒体可视化广播

图4　全媒体可视化平台实现粉丝快速增长

二、发展规划

中国—东盟云将根据国际传播领域移动化、社交化、可视化趋势，发挥外宣媒体各自特色，采用云计算等轻架构技术打造媒体融合的开放性平台，通过建设国际化全媒体数据中台，实现全媒体融合的国际化、多语种内容采集、聚合、译制、制作、发布等主要功能，打通国内外新闻信息资源间的屏障，快速实现在对象国Twitter、Facebook、YouTube等新媒体端进行跨平台发布。同时，利用人工智能（AI）技术研发多语种内容生产工具，全面提升多语种音频、视频网站和移动客户端建设质量。

中国—东盟云立足广西广播电视台在全国有影响力的对东盟外宣品牌，推广"一次采集、多元生成、多平台分发"的融媒体理念，利用云计算、大数据等轻架构技术，提供跨境媒体服务，推动东盟国家媒体融合，打造外宣传播新渠道；完成在对象国落地的移动端内容生产和传播、与境外互联网公司开展内容合作流量分成；结合《中国剧场》《中国电视剧》《中国动漫》栏目的落地播放，利用"大数据""人工智能算法"等先进技术，实现精准传播，打造成融合最先进技术的国际化新型传播平台。

中国—东盟云还将构建国际化全媒体内容采集、聚合、分发传播、运营管理全环节，整合东盟国家媒体视听内容，汇聚东盟多通道网络（MCN）资源，形成独特的国际化数字媒体资产运行闭环，打造媒体深度融合的创新模式。

后续项目建设内容包括：

（一）硬件平台

采用公有云＋私有云的混合云架构，利用具有国际交换节点的算力、存储、发布"云"资源的跨境租用。针对不同国家的网络环境，选取能够包容东盟各国不同网络基础性能的国际化"云"端资源，私有云主要作为重要数据、系统的备份以及数据安全管理。

（二）软件系统

基于"人工智能""大数据""区块链"的技术系统和软件开发，建设国际化全媒体数据中台，实现全媒体融合的国际化、多语种内容采集、聚合、译制、制作、发布等功能。研发通用数据接口，完成对象国 Twitter、Facebook、YouTube 等新媒体端进行跨平台发布；建设基于区块链智能合约技术的中国—东盟视听产业数字资产管理和交易平台建设，汇聚东盟国家原创图片、音乐、音频、视频及其他影视节目，建设大容量核心版权资料库，建设多语种、开放型的网络版权管理运营系统；通过智能分析东盟各国群众在使用语种选择、使用习惯、用户倾向等方面的数据分析作为基础，研发贴合用户使用的各类软件系统内核。

（三）服务平台

面向东盟国家的多语种、全媒体，基于音视频、图文的服务体系建设。向东盟国家用户提供直观、便捷的媒体服务功能，为受众提供大量有效信息资源和媒体工具。建设面向东盟的国际化视听产业数字资产管理交易平台，解决中外媒体资产互通互联、管理运营、智能传播等难点。

媒体深度融合，是今天的趋势，更是未来的使命。融媒体时代，中国—东盟云项目将以融媒产品为轴心，以开放合作的国际化视野，顺势而为，驱动转型升级发展！

广西广播电视台

西南最大内容生产商的转型

重视传媒 MCN 机构成立于 2019 年 9 月，是重庆广电集团（总台）重视传媒公司旗下针对互联网平台建立的网络内容运营机构，拥有重庆时尚频道、少儿频道等 5 个频道主持人、艺员、麻辣明星的自媒体账号资源和原创短视频资源，同时拥有西南地区最大的原创影视剧编剧、导演、策划团队，依托于西南地区最大的影视内容制作及艺人经纪团队；拥有签约编剧 60 名，签约独立导演工作室 10 个，签约艺人 200 名；拥有西部最强的影视及活动团队和设备。

重视传媒 MCN 与今日头条、抖音、快手、腾讯企鹅号、百度百家号、喜马拉雅、bilibili 等平台均建立了合作关系，实现了账号入驻，并获得平台流量扶持。2020 年年初，重视传媒 MCN 获得今日头条、抖音、西瓜视频"优质内容创作"合作方授牌。

机构旗下产品涵盖喜剧短视频、本地生活、二次元、情感短视频、情感主持人、母婴达人、美食达人、旅游达人、健身达人、舞蹈达人、萌宠、娱乐追星、艺考培训等多个垂直领域优质内容账号，孵化自有 IP 矩阵。截至目前，MCN 达人在抖音、头条号、西瓜视频获得内容推荐量超百亿次，粉丝增长量达 300 万，累计播放量超 10 亿次，IP 盈利收入超 200 万元。

一、传统媒体的转场，内容生产商的转型

作为重庆广电集团（总台）体制改革的先行军，重视传媒数十年深耕于影视剧创作与发行，业已成为西南地区最大的影视内容制作机构，拥有完备签约编剧、签约独立导演工作室、签约艺人、艺人经纪团队，以及西部最强的影视及活动团队和设备影视成产机制。累计制作影视剧集近万集，制作电影及网络电影超过 100 部，拥有自有原创影视 IP152 部，业务覆盖央视、各大卫视、各省强势地方频道、头部网络平台、头部视频网站及海外影视发行渠道。随着媒体环境的发展，依托于传媒电视平台不能满足于视频呈现的空间，风起云涌的网络平台承载起内容呈现的更多可能。

基于深耕影视内容创作的重视传媒 MCN，从建立起，就将内容生产作为头部产品打造，依托呈现王牌栏目拆条视频的媒体号、垂直内容领域的达人号，在今日头条、抖音、西瓜视频等短视频平台聚集关注度，增加账号价值，实现账号的盈利。同时，原创影视 IP 将进行二次孵化为网络电影、网剧项目，向腾讯视频、爱奇艺等视频平台输送，再造 IP 价值。

内容为王，重视传媒 MCN 机构的发展将盘活影视内容制作机构的生产模式，带动旗下生产者的转型，成为媒体融合发展的排头兵，与电视黄金一代接力前行。

二、平台联合，赋能账号

重视传媒 MCN 机构布局广泛，与现有大众平台——今日头

条、抖音、快手、腾讯企鹅号、百度百家号、喜马拉雅、bilibili 等均建立了合作关系，并获得平台流量扶持。依托于各平台属性，账号内容的布局上则各有侧重，形成以西瓜视频、抖音、快手平台——达人垂直内容，百度百家号、头条媒体号——王牌栏目拆条视频，喜马拉雅、bilibili——有声剧、有声书，丰富矩阵的延展力。

重视传媒 MCN 建立初起，同步布局与各大平台的深度合作，享有平台赋予媒体的红利，让旗下达人或内容号能在有效期获得足够丰厚的成长空间。如 2020 年 2 月底，因新冠肺炎疫情全民居家时期，重视传媒 MCN 联合抖音官方发起话题挑战"宅家健身巴适得板"，抖音短视频总播放量 1545.9 万次；发起直播话题挑战"守护重庆味道"，抖音短视频总播放量 2129.5 万次，重视传媒 MCN 达人直播总时长 99.7 小时，直播观众总数 11.22 万人次。在 30 天内，重视传媒 MCN 在抖音发起的话题挑战总播放量超 3600 万次，总展现量超亿次，两次活动均获得抖音官方点赞。

《冷暖人生》和《生活麻辣烫》的媒体号在各个平台播放总量超过 8 亿次，粉丝总数超过 107 万人。

除与各大网络平台的联合赋能账号，电视媒体之间也加强了城际联合，通过直播连麦的方式，为地域间的风土人情、人文历史、生活美景搭建桥梁。重视传媒 MCN 在抖音上参与话题活动"川渝大 PK"，就是重庆电视台时尚频道与成都电视台联合推广的活动，通过友好城市间互动交流，川渝两地的主持人、艺员和知名达人对各自城市的推荐，带动观者共鸣，话题持续引爆。并通过定期与抖音官方发起活动，增加了重视传媒 MCN 达人的曝光度，积累粉丝增量，为账号价值赋能。

图 1　重视传媒 MCN 联合抖音发起
话题："宅家健身巴适得板"

三、以人为本，重点孵化 KOL 的变现价值

目前，重视传媒 MCN 签约达人 30 余位，主要为重庆时尚频道、少儿频道等 5 个频道主持人、艺员、麻辣明星，逐步吸引具有网红打造潜力的新人加盟。达人在喜剧短视频、情感生活、母婴亲子、美食娱乐、旅游、舞蹈、萌宠、娱乐追星、艺考培训等多个垂直领域持续生产优质内容，逐渐成为各自领域的意见领袖，这也为垂直领域的商业变现达成可能。

达人直播为账号孵化实现了变现的通途。2020 年 4 月，重视传媒 MCN 机构参与抖音官方联合全国百家媒体主持人进行的话题活动"DOU 才 DOU 艺"，近 10 名重庆电视台时尚频道主持人参与活动，在直播中秀出自己的才艺，分享自己的生活，积极与粉丝互动，呈现出主持人身份之外更为立体的人设，增加了账号的关注度。5 月，再次参与到抖音官方联合百家媒体发起的"为湖北带货"活动，则通过直播带货，实现了商业变现。8 月，MCN 机构旗下艺人通过主持大型直播推介活动，增加自己的曝光量，实现商业变现。

以人为本。对 KOL 的孵化，就是一个为账号及达人赋能的过程，将其塑造为垂直领域的意见领袖，拥有话语权和社群运营能力，搭上直播带货变现的直通车。同时，重视传媒 MCN 对 KOL 模式的探索，不仅基于直播，还将通过内容开启重视传媒特色化的发展规划，定制视频，规划长期成长路径，从而丰富商业化路径，全面提升主播竞争力。

媒体融合路上，因为有犯错，才能迷途知返；因为有鼓励，才能砥砺前行。

（一）入局电商，抱团发展

2020 年 9 月重视传媒 MCN 机构（又名：重庆重视文化娱乐有限责任公司）成为重庆市商务委员会、重庆直播电商行业联盟理事单位。

由市商务委指导，联合重庆市全市电商直播平台企业、MCN 机构、直播电商培训企业、品牌企业、物流企业等，充分发挥政府与市场的桥梁作用，实现直播电商生态链上下游企业间良好沟通、信息共享、抱团发展。

图 2　重视传媒 MCN 机构成为重庆市商务委员会、
重庆直播电商行业联盟理事单位

重视传媒 MCN 机构会定期自制线上线下培训课程，赋能主播快速成长。在由重庆市商委携手抖音共同发起的"寻找重庆带货官"活动中，MCN 旗下的三位达人秦丹、闷墩、申泽华入选"重庆带货官"前 10 强。

（二）传统媒体 + 互联网

广电传统媒体 + 互联网，促进广电媒体融合。广电机构有着优质的视频内容创作能力、极强的大型晚会制作能力，重视传媒 MCN 机构大量引进大型直播活动，在顺应新媒体潮流"直播带货"的同时，充分发挥好广电传统媒体优势。

2020 年 9 月，重视传媒 MCN 机构协助涪陵文旅委举办了重庆双晒第二季涪陵双晒"两江福地　神奇涪陵"大型直播文旅推介活动，2 小时全网观看量 1800 万，销量 31 万。在直播中对重庆涪陵的 26 件特色产品、文旅产品进行了推介，并在直播中使用了大量优质文旅、产品视频素材，将直播内容进一步沉淀发酵。2020 年中秋国庆小长假，涪陵游客同比增长 20.03％。

图 3 "两江福地 神奇涪陵"大型直播

（三）广电 MCN 中位列前茅

抖音平台根据媒体 MCN 在抖音平台的账号数量、粉丝分布、投稿量、播放量、互动指数等维度综合计算，排列出了 2020 年度广电 MCN 区域影响力机构的前 15 位，重庆广电重视传媒 MCN 排名第 10 位。

四、重视传媒 MCN 机构典型案例

2020 年重视传媒 MCN 机构中有以下几个典型案例，值得和大家分享。

（一）猪八戒网创始人二师兄首播八八节直播

重视传媒 MCN 机构联合猪八戒网，进行企业年度大型直播活

动。总直播时长 3 小时，销量破亿，将直播内容转换成直播销量。

图 4　猪八戒网创始人二师兄直播活动

（二）"千珍昆玉　新疆好礼"大型红枣推介直播活动

重视传媒 MCN 机构承接和田玉枣大型推介直播活动——"千珍昆玉　新疆好礼"。复制"涪陵双晒"的模式，传统视频产品 + 新媒体直播活动，在抖音、腾讯看点直播、淘宝直播三大平台，共吸引近百万人次观看。

图 5　"千珍昆玉　新疆好礼"直播现场

重视传媒 MCN 机构是在全国 MCN 机构风口期应运而生，在广电媒体融合发展中成长起来的。它的起步就拥有着强大的媒体资源和运营团队，优质内容制造的智库，得天独厚的主持人、艺人资源，使得重视传媒 MCN 从达人到内容生产，都具备弯道超车的能力，给予了重视传媒 MCN 在众多 MCN 机构中走出特色化发展道路的信心和空间。

作为重庆广电的首家 MCN 机构，重视传媒 MCN 将以媒体责任为己任，借力电视媒体的内容制造实力，在覆盖老百姓幸福生活领域，深耕垂直内容领域，持续获得受众关注度，获取商业的青睐性，实现可持续发展的商业生态，扩大重视传媒 MCN 机构的影响力。

五、重视传媒 MCN 机构持续发力的四个方面

未来，重视传媒 MCN 机构将从以下四个方面持续发力，获得长足发展。

（一）内容生产的永动机，加速短内容升级

未来新媒体内容对专业化要求不断升级，精品内容制作能力是未来红人和 MCN 的主要竞争核心。重视传媒 MCN 拥有较强影视制作实力，也将继续在内容生产方面发力，加速短内容的升级，同时将内容孵化规模化、内容运营效果化、内容变现品牌化，打造更多精品化的垂直内容，以质取胜。

（二）IP 孵化，助攻账号变现

重视传媒 MCN 强内容制造基因，将带动 IP 孵化，基于以往丰富的影视 IP、节目 IP、活动 IP，结合互联网形态的改造，向网络平台输送。同时，也将在达人和内容号运营中，汲取新能量，转化为有影响力的 IP，增加账号价值。

（三）打造可持续化的商业生态

媒体融合发展之路，也是一条商业变现的融合之路。依托于传统电视广告为主营业务的电视媒体，也在积极探索更契合广告主的营销渠道。通过重视传媒 MCN 直播带货、垂直领域内容的打造，在网络平台上初现变现能力，已经引起广告主的强烈关注。未来，基于垂直领域内容、KOL 达人、头部内容号都将开辟多条商业赛道，打造出拥有广告植入、电商带货、内容输出、地推活动、付费产品等商业生态，培育新的商业增长点。

（四）广纳人才，丰富矩阵形态

重视传媒 MCN 机构将继续完善运营机制，向专业化内容生产商和多元化服务商转变，搭建广阔平台，吸纳更多的广电主持人、艺员和内容生产者转型为自媒体内容生产者，在崭新舞台施展才华。

重庆广播电视集团（总台）

"丝路云启"融媒体区块链综合业务支撑平台

随着技术的发展，媒体格局、舆论生态、受众对象、传播技术都在发生深刻变化，特别是互联网正在媒体领域催发一场前所未有的变革。当今社会，全媒体不断发展，全程媒体、全息媒体、全员媒体、全效媒体，信息无处不在、无所不及、无人不用，导致舆论生态、媒体格局、传播方式发生深刻变化，新闻舆论工作面临新的挑战。习近平指出，推动媒体融合发展、建设全媒体成为我们面临的一项紧迫课题。

2019 年 4 月 4 日《求是杂志》发表文章《融合发展关键在融为一体、合而为一》。党的十八大以来，以习近平同志为核心的党中央高度重视传统媒体和新兴媒体的融合发展。从提出"推动媒体融合发展的重大任务"到"推动媒体融合向纵深发展"，从加强顶层设计到提出采编发流程再造以及融媒体中心建设，习近平的重要论述已经为媒体融合发展绘就了一条科学发展的路线图。

我国的媒体融合工作表现为由表及里、由点到面、由局部到整体的渐进式发展，当前来看大致可以分为三个阶段：

第一阶段：创新融合产品。这一阶段的主要特征是从适应互联网传播渠道的内容产品创新入手，通过传统媒体内容数字化，采用互联网语态实现形态上的互联网化，形成在互联网上广泛传播的内容产品。

第二阶段：建设融合平台。这一阶段的主要任务是探索建设主流媒体自主可控的、基于互联网的新型媒体平台。这类平台以用户为核心，以数据为支撑，致力于内容生产能力的升级，实现与人民群众的互联网连接，实现内容及其他社会资源的聚合。

第三阶段：构建融合体系。这一阶段的主要任务是构建起立体多样、融合发展的现代传播体系。媒体机构将从"单打独斗""各自为战"的初期探索，迈向现代传播体系建设的全新阶段。基于新的传播体系，新型主流媒体平台与人民群众的联系将更加广泛而深入，其自身功能将更加丰富，外在形态也将更加完整。

在媒体融合工作发展的一、二阶段的建设中，县级融媒体中心普遍面临着机制、技术、资金、人才、运营等方面的挑战，主要问题体现在原创信息来源不足、内容审核成本高、版权保护成本高、内容创作激励不足、县级融媒体中心服务能力不足、融媒体监测监管难度大等方面，这也成为构建全国融合媒体体系的主要障碍。

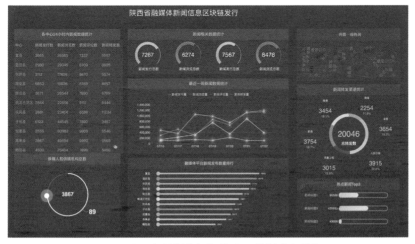

图 1　陕西省融媒体新闻信息区块链发行数据

陕西丝路云启智能科技有限公司作为陕西广电集团重要下属子公司，通过长久的深入探索和研究，以区块链技术为基础，针对解决融媒体产业发展中面临的问题与挑战，设计研发了陕西融媒体区块链综合业务支撑平台。通过应用区块链技术，发挥区块链技术可溯源、不可篡改的天然优势，以媒体传播过程中数据互信和信任传递的高可信底层信息基础设施，结合云计算、大数据、人工智能等技术，构建适应媒体移动化、社交化、平台化、视频化发展趋势的全新媒体生态，实现各类融媒体应用、智慧城市、智慧广电等应用的可监管、可追踪、高效协同工作、数据互信互认。

陕西丝路云启公司成立于 2018 年 6 月 1 日，主营业务包括物联网应用系统软件的开发、集成、维护、销售与服务；大数据基础设施建设、数据服务平台建设；互联网技术开发、智慧旅游、智慧景区、智慧城市建设等。丝路云启公司是由陕西广播电视集团有限公司、康佳集团股份有限公司、陕西广电网络传媒（集团）股份有限公司、泰华智慧产业集团股份有限公司、陕西悟源网络科技合伙企业（有限合伙）共同出资成立的一家专业提供广电物联网与人工智能、大数据、智慧城市云平台运营服务的高科技公司，是陕西省文化产业率先推行混合所有制改革的先锋企业，也是陕西广电集团旗下率先实施混合所有制改革的企业，并为广电业务的创新进行探索和实践，是中国广电第一家聚焦物联网行业的专业公司。陕西丝路云启公司通过国有资本与民营资本的共同参股而组建的新型企业混合所有制模式，正在践行一条国有体制改革的创新之路。通过交叉持股、相互融合的新型所有制经济，提升国有资本放大功能、保值增值、提高竞争力，有利于各种所有制资本取长补短、相互促进、共同发展。允许混合所有制经济实行企业员工持股，形成资本所有者和劳动者利益共同体。

目前陕西丝路云启公司结合陕西广电集团需求，自主研发搭建了 AIOT PAAS 生态平台——"丝路物联云平台"，全面对接各种新型传感器技术、智能硬件产品、人工智能技术，互联网客户端在云端实现设备间的互联互通，打通人与设备的交互、人与人的交互以及人与服务的链接，并构建归一化管理的大数据中心。利用云计算、雾计算、大数据、人工智能、区块链、物联网、5G 网络、AR/VR 等现代先进技术，以县级融媒体中心建设为切入点，以"四全媒体"为目标，构建上下联动、协同互通、资源共享、无处不在、无所不及、无人不用的全新传媒体系，促进陕西传媒具有更加强大的传播力、引导力、影响力、公信力。

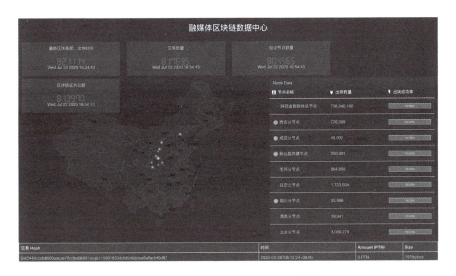

图 2　陕西省融媒体区块链数据中心

陕西丝路云启公司主持设计研发的陕西融媒体区块链综合业务支撑平台，是利用现代科技能力，在融媒体探索道路上的大胆创新与实践。通过与陕西省融媒体业务平台和各融媒体中心进行对接，为融媒体业务平台的宣传管理、内容监管和溯源、协同工作、版权交易以及党建、政务、公共服务、增值服务等业务提供可信的区块链能力支持，为融媒体中心构建规范健康、高效发展的内容运营生态。

平台通过联盟链的分布式和业务共识机制，实现高可信的数据共享和内容聚合，解决传统县级融媒体建设中内容采集来源单一、采集角度不够、采集信息不可靠、重复采集等问题。在提升运营能力方面，通过多形态的内容服务节点，在内容共享、内容审核、内容交易、内容分发、内容监测、内容维权等方面实现运营能力的共享，通过过程数据的透明公开，在保障信息安全、不可篡改的同时，为 AI 模型训练提供基础数据，并为后期的智能运营阶段奠定基础。基于区块链实现的分布式协作能力，能在一定程度上减少素材信息的重复审核，加强内容审核信息共享能力，降低管理成本。

在内容交易方面，平台在授权交易模式的基础上，创新性拓展数字版权发行模式，实现数字版权内容面向终端用户的直接销售，快速实现县级融媒体内容的极大丰富，在有效减轻融媒体内容采购压力的同时，帮助融媒体中心提升内容收益。

在版权认证和版权保护方面，陕西融媒体区块链采用"技术确权＋行政管理确权＋司法确权"的多重版权认证体系，借助区块链不可篡改、不可丢失、可溯源的特点，在内容上链的同时，通过跨链信息交互技术将权属信息同步至行政管理链和司法链节点，通过行政管理链和司法链完成权属存证，实现"一点上链，多重认证"的新型版权认证模式，可以大幅缩短版权申请的时间，降低版权确权难度，有效保证版权拥有者的合法权益，促进优质内容生产者的创作积极性。

在内容监管方面，利用数字身份、共识机制，让联盟链中的各参与方都能够参与到内容信息传播的核实与监督中，以改变互联网媒体的弱监管现状，可信任的新闻生产不再是传统新闻机构唱独角戏，以区块链为基础的网络新闻生产、编辑让内容生产更加兼具普惠性，释放了内容生产的创造力和生产力。此外，对于政府管理者来说，利用区块链来进行社会舆情监测也使得行政成本大大降低，监管效率大大提高。在内容共享和交易上，综合应用区块链、私钥签名、加密算法、多种安全验证技术，保证只有被授权者才可以访问内容。在内容价值的提升上，采用共识机制，配合现有的内容价值定义规则，通过计算完成对内容价值的评估。

平台在县级融媒体应用中创新规划了共享经济模块，借助区块链的自动分账技术，可以在社区推出智能停车场、智能充电桩、自动贩卖机、志愿者活动等业务。将各产业链条中的场地方、运维方等各方连接在一起，达成共识，组成利益共同体，最终实现各方资源共享、权益分配、精准出售的生产链条，同时赋予闲地空间及其产出数据最大化。从而进一步提升县级融媒体平台统一的服务能力和多元化，促进用户对县级融媒体平台的接受度和使用率。

同时，平台可以为上层应用系统提供丰富的应用接口支持，将数字 ID、内容存证溯源、版权确权交易、协同工作、智能合约模板和执行环境、分布式存储、管理配置、数据分析等支持能力有机整合，提供平台级的 BaaS 服务支持，为除了媒体融合业务以外的党建、政务、民生、文化、教育等公共服务的接入和支撑奠定了良好的基础。

通过区块链技术在县级融媒体技术平台上的应用，将构建更加完善的县级融媒体中心内容运营体系，高效整合内容资源、保障内容安全、加速内容交易，利用区块链技术实现内容价值的最大化。基于区块链技术构建的县级融媒体中心内容运营体系，保证内容生产者、内容所有者、内容使用者的权益，构建弱中心化的内容共享和交易平台，提高内容流通量，降低共享和交易成本具有非常有效的现实意义。区块链技术与县级融媒体中心技术平台的融合创新，将推动县级融媒体中心内容保护、共享、交易的标准化建设，促进县级融媒体中心生态圈的健康发展。

陕西丝路云启智能科技有限公司

在希望的田野上：朔州新三农融媒服务公益平台

"右玉精神体现的是全心全意为人民服务，是迎难而上，艰苦奋斗，是久久为功，利在长远。"

2011 年以来，习近平总书记先后 6 次对右玉精神作出重要指示，特别是在视察山西时强调：右玉精神是宝贵财富，一定要大力学习和弘扬！

右玉精神就诞生在朔州！右玉县人民七十多年如一日，植树造林，右玉县森林覆盖率由七十多年前的不足 0.3%，提升到现在的 56%。风沙肆虐的不毛之地，已经变为塞上绿洲。

这是一片希望的田野！

图 1　塞上绿洲，美丽朔州，三农沃土，融媒新路

久久为功, 孜孜求索, 朔州大力学习和弘扬右玉精神, 在融媒发展的新征程中, 扎根"三农"沃土, 以"朔州新三农融媒公益服务平台"为突破点。

立足最传统的传媒形态——广播!

扎根最乡土的场景——农村!

采取最直接的营销——公益服务!

打动最质朴的用户——农民!

推动最实在的产业——农业!

一

朔州市融媒体中心是整合了朔州日报社、朔州广播电视台、市新闻中心、朔州新闻网、市安全播出调度中心、市微波站、市教育电视台七家单位共同组建的, 拥有《朔州日报》《朔州晚报》、两套电视频道、三套广播频率以及新媒体平台。通过强平台、组矩阵, 朔州市融媒体中心作为区域最具影响的主流媒体, 持续提升正能量传播效能, 主流阵地愈发巩固, 朔州故事愈发精彩。

图2 "新闻 + 服务" 联通进万家

（一）搭建融媒平台，突出全媒体策划

朔州市融媒体中心坚持内容为王，从节目生产源头做起，强化报台网微端一体化发展理念，强调跨平台合作和节目内容的全媒体策划。报纸、电视、广播各档节目均在内容创新方面下大气力求突破，新媒体各平台也不断摸索新的表现样态，融媒进程明显加快，复合宣传效应明显加强。

2020 年，朔州市融媒体中心在央视发稿共计 130 多条，牢牢占踞山西地市级媒体在央视发稿第一方阵，进一步扩大了朔州影响。

（二）构建融媒矩阵，彰显主流传播力量

近年来，朔州市融媒体中心整体推进朔州视听网、"这里是朔州"官方微信、"朔州视听"官方微博、智慧朔州、朔州新三农"两微两端"、抖音、快手等新媒体平台的矩阵建设。

在"CTR-快手媒体号榜单"2020 年半年榜中，"朔州广播电视台"快手号在全国地市级媒体号综合榜中位列第九。官方微信"这里是朔州"持续在区域微信影响力排行榜（媒体微信）中名列第一。

（三）创新全媒产品，推动产业媒体互融

朔州市融媒体中心守正创新，积极打造"朔州新三农融媒服务公益平台"，该项目入选 2020 年国家广电总局媒体融合成长项目，成为山西唯一入选的地市级主流媒体。

二

朔州农村广播（调频 FM95.7 兆赫），是国家广电总局审核批准

的涉农节目播出平台。2017 年 12 月上旬正式开通试播，频率全天播出时长为 16 小时。

朔州的农业秉赋得天独厚，是农村广播得以扎根的基础。朔州是雁门关农牧交错带核心示范区、全国有机旱作农业示范市和全国小杂粮强市，下辖朔城区是"全国粮食生产大县"，山阴县是"富硒小米之乡"，右玉则有"中国古堡之乡"的美誉。悠久的农牧历史、辛勤的劳作付出，朔州诞生了众多国家地理标识产品：右玉沙棘、右玉羊肉、怀仁羔羊肉、怀仁陶瓷、平鲁红山荞麦、山阴富硒小米等。

不容忽视的是，据 2016 年年初的统计，朔州贫困村 257 个，贫困户 20333 户 44603 人，脱贫攻坚任务繁巨。朔州农村广播承担的脱贫使命光荣神圣，脱贫任务责无旁贷！

朔州农村广播大有可为，关键是找到什么样的抓手？

比拼技术，比拼覆盖，我们比不过掌握核心技术的中央、省级媒体；在云端，我们没有优势。

比拼服务，比拼走下去、手牵手，这个我们行；在田间地头，我们有优势。

朔州市融媒体中心紧紧抓住"融媒＋服务"这个关键点，紧紧抓住三农服务这个空白点，立足朔州丰富的农业资源，在朔州农村广播的基础上，积极打造"朔州新三农融媒服务公益平台"——到农村去，到农民中间去，到田间棚舍去，把我们手里有限的优势，发挥到最大！

三

"朔州新三农融媒服务公益平台"以"新时代、新朔州、新三农"为背景，以"全心全意为农民服务"为主旨，打通线上线上，融合传统媒体与新兴媒体，以三农通联点为纽带，以直播带货等公益服务为手段，助推区域三农工作再上新台阶。

（一）做强传统媒体

朔州农村广播覆盖工程依托山西省高山（山阴）微波站（海拔1835米），设立10kW调频广播发射台，覆盖半径60kM，有效覆盖全市90%以上的农村，百万农民成为主要受众。

朔州农村广播原创节目共12档，即《三农快报》（农业新闻）、《融媒看朔州》（资讯速评）、《朔州新闻联播》（综合新闻）、《乡村直通车》（热线服务）、《大家谈》（新闻访谈类）、《健康朔州》（卫生健康类）、《味道朔州》（乡土饮食文化）、《朔州故事》（本土历史文化）、《唱大戏》（地方戏曲）、《农村微课堂》（农技科普）、《天天好消息》（供求信息）、《天天新气象》（气象与农事）。

节目设置突出服务性，以全天候、大密度的农业服务节目为框架，以农业新闻、致富信息、田间淘宝、农科节目为重点，再配以朔州地方戏曲欣赏，贴近百姓、服务农民。

（二）深化媒体融合

在朔州农村广播基础上，朔州市融媒体中心立足移动优先战略，放大格局，主动作为，提前布局，精准预判，构建"朔州新三农融媒服务公益平台"。

"朔州新三农融媒服务公益平台"是1+N模式，即包含"朔州农村广播"、视频广播、"朔州新三农"手机App、"这里是朔州"微博、微信、"朔州视听网"网站。

该融媒平台以朔州市融媒体中心专业的广电制作实力、丰富的新闻资讯与栏目内容、强大的媒体策划与制作能力为核心，最大限度地发挥主流媒体的传统优势，将主流媒体与新媒体创新融合起来，把广播电视端、电脑端、智能移动端三者融为一体，将丰富的内容在多平台上精确分发，精确服务。

目前，"朔州新三农"手机App已经正式上线，部署"三农资讯""供需市场""惠农服务""农贸商圈"4个板块，注册用户的农民朋友可以通过手机App应用界面，上传信息发布、报名参与活动，进一步为农民提供产前、产中、产后"一条龙"服务，公益扶持朔州三农。

图3　"朔州新三农"App

（三）通联布局覆盖

如何让"朔州新三农融媒服务公益平台"真正发挥作用？让农民实实在在成为移动智能应用的受益者？让农民成为三农平台上的"原住民"？

朔州市融媒体中心充分承担社会责任，发挥公益服务优势，平台公益、服务公益、一心为农。近年来，朔州市融媒体中心连续发起了"小康路上看老乡""大广播在现场"等大型采访活动，抽调精干主持、记者，深入决战脱贫攻坚、决胜全面小康的第一现场，走进县（市、区）的火热一线，将镜头与话筒对准朴实的建设者，挖掘接地气、有温度的奉献故事，全景呈现朔州的今天，展望美好的明天。

在贴近时代的同时，朔州农村广播积极打造线下服务平台，以"新三农融媒通联点"的形式，把媒体服务送到农民身边，促进农民增收致富。通联点是选择区域范围内有带头示范作用的农户、农村经济实体和基层乡村，朔州市融媒体中心为其授牌，达成合作意向。

通过通联点的设置，让农民、农企、乡村成为"朔州新三农融媒服务公益平台"的原住民，享受我们的资讯服务和便民服务，享受我们与合作方开展的惠农服务，进而携手开拓惠农产业，建立新型会员制服务体系，为线上融媒服务公益平台提供强有力的线下支撑。

目前，"朔州新三农融媒服务公益平台"已发展通联点 480 户，覆盖全市三分之一的农村。朔州市融媒体中心与中国联通、中国建设银行等单位签订合作意向协议，共同为通联点赋能，为广大农民提供可靠的公益服务。

图 4　朔州新三农融媒服务公益平台

（四）基地建设

既要把平台建到云端，更要把产业办进实体。朔州市融媒体中心树立"融媒＋基地"的产业发展思路，有效延伸"朔州新三农融媒服务公益平台"的实体化运营，与朔州市慧源双创基地合作，共同搭建"直播基地＋体验店"的创新平台，进一步带动朔州特色产品的线上营销。

2020 年，朔州市融媒体中心与共青团朔州市委、朔州市妇联共同策划举办直播带货系列活动，策划参与第三届山西朔州陶瓷产品交易会、中国农民丰收节系列直播活动……主流媒体的主播成为大家关注的正能量网红。一年来，开展三农类直播专场 12 场，常规直播 30 多场，网友互动百万＋。来自朔州青山绿水间的特色农产品，带着生态自然的清香，大步走出雁门关，让更多人认知了解。

让平台成为新农具，用融媒打造大舞台。

以意识形态工作为主抓手，朔州市融媒体中心凝心聚力，守正创新，舆论引导的基础大盘越来越牢固，理论学习的引擎动力越来越强劲；新闻报道的时代特质越来越彰显，融媒发展的技术含量越来越丰盈，服务社会的民生温度越来越暖心；主流媒体的发展信心更加坚定，融屏融媒的未来愿景更加清晰。未来，我们做得会更好！

山西省朔州市融媒体中心

"鹊华MCN"城市广电布局短视频和直播赛道发展模式探索

为加快推进媒体深度融合，推动主力军全面挺进主战场，占领新兴传播阵地，济南广电率先与头部短视频机构共建短视频孵化品牌——"鹊华MCN"，打造新闻宣传新高地和智慧短视频新生态。

图1 "鹊华MCN"城市IP孵化工程启动仪式

"鹊华MCN"放大广电视音频内容创作优势，坚持"短视频+直播"双核布局，注重赛道选择差异化、运作模式专业化，构建集IP账号孵化、网红直播基地打造、内容电商于一体的专业服务平台；全方位对接政、校、企多渠道资源，链接头部MCN机构，探索多元化运营模式和技术创新，推进广电MCN向产业化、生态化演变，打造媒体深度融合试验田，加快实现高质量发展。目前，"鹊华MCN"已签约账号200余个，全网粉丝量超2000万，带货直播数百场，拉动消费逾亿元，是全国唯一登上抖音、快手两大平台"全国媒体头部 MCN 榜单"的城市广电 MCN 机构。

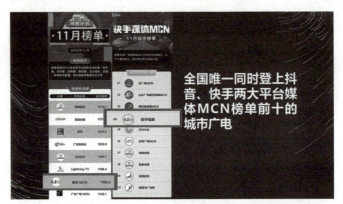

图 2 "鹊华 MCN"是全国唯一登上抖音、快手两大平台
"全国媒体头部 MCN 榜单"的城市广电 MCN 机构

一、强根基，构建优质内容 IP 矩阵

优质内容 IP 是开展 MCN 业务的重要基石。"鹊华 MCN"深挖济南广电品牌栏目和主持人，不断提升原创内容的生产力和传播力，扎根大流量短视频平台，通过深耕内容、垂直分类、整合营销，打造涵盖资讯、剧情、健康等多个领域的优质账号矩阵，以优质的内容赢得用户口碑，筑牢 MCN 业务发展根基。

（一）媒体资讯类账号

主流媒体挺进主战场。在传统媒体时代，济南广播电视收视率和收视份额多年位居全国省会台前列，拥有众多深受听众观众喜爱的栏目和主持人。如何将广电优质内容有效输出到互联网主阵地，济南广电瞄准短视频这一切入点，推出《关于做大做强"鹊华MCN"品牌的实施办法》，鼓励各频道频率在保证正常播出的情况下，将栏目节目碎片化重新编辑，制作适合移动端收看的内容，向抖音、快手等头部主流平台输出，先后推出了"济南广播电视台""济南电视台生活频道""济南都市频道"等媒体号，积极传递正能量，讲好济南故事。目前一批媒体账号粉丝量超过百万，单条播放量过亿的视频作品屡见不鲜。抗击新冠肺炎疫情期间，"鹊华MCN"联合"抖音""快手""微视"三大平台，依托济南广电全媒体宣传矩阵，发起《我的战"疫"生活》短视频全网征集展播，共收到6万多件作品，累计播放量超4.5亿次，向居家办公和生活的人们传递了满满的正能量。

（二）主持人账号：知名主播变身网红

主持人是广电优势资源。"鹊华MCN"为主持人量身定制特色专属账号，比如新闻主播劲彬在直播完当天新闻后，马上在演播室，采用竖屏方式录制，将每日最鲜活的新闻，在快手平台进行播报，短短半年多时间，粉丝量已经突破200万；主持人YOYO则分享主持人台前幕后的趣闻逸事，全网粉丝量也突破百万；娘家记者团出镜记者晓宁通过快手账号挽救了一位服毒自杀的年轻小伙的生命，全网关注量超过1200万，纷纷为好心记者点赞。海沫、小紫妹、王子等一大批主持人都拥有了大批粉丝，增强了主流媒体的影响力。抗击新冠肺炎疫情期间，"鹊华MCN"组织旗下30多位主持人录制疫情防控、防护科普等系列短视频，先后发布1300余条；主持人王子公益歌曲《防疫Disco》MV一经推出，受到网友广泛关注，单条视频播放量超过2200万次，并被学习强国全国平台、腾讯新闻首页推荐。

（三）专家学者账号——助力康养名城建设

"鹊华MCN"响应济南市委市政府提出的建设"康养济南"的号召，邀约知名社会人士，打造专家学者账号矩阵。海外特聘专家马欣教授、主任医师高芹医生等账号深受用户喜爱，并登上抖音平台新锐榜。

二、创特色，发力短视频电商新业态

"鹊华MCN"积极建立"媒体＋直播＋电商"模式，将网红孵化与直播经济相链接，通过媒体传播品牌价值、电商实现商品价值，延伸打造了"鹊华严选"电商品牌。发挥广电资源优势，密切与政府、企业、商场、农户等全要素合作。一年直播数百场，电商直播逐渐成为"鹊华MCN"一大特色。同时，主持人参与直播带货拓展了广电新媒体运营模式。主持人在语言表达和镜头感等方面的专业素养，都让其在直播带货领域有很好的发展前景。虽然网上直播带货与传统的电视购物有些相似，但又不十分相同。电商主播是一个专业性很强的工种，主持人参与电商主播工作还要经过系统的研究和培训。同时，主持人代表着广电媒体形象，具有较强的社会公益属性，带货的产品也要经过严格的审核，真正做到质优价低。

"鹊华MCN"通过整合供应链、自有电商链路搭建、与商场合作开播等尝试，形成一套自己的运作流程，培养了以YOYO为代表的有带货实力的电商主播，并开发了以政务号矩阵为基础的助农、助企直播活动，帮助本地农户和企业拓展销售渠道。与本地主要商业机构合作，推出"银座带您云扫货"直播活动，网红主播现身商城，现场带货直播；助力乡村振兴——建立齐鲁样板"三涧溪"品牌电商直播间，培育乡村发言人和乡村网红，精选当地特色农产品在"鹊华严选"平台上架推广；为促进疫情后复工复产，"鹊华MCN"发起"微爱助农""百名县长的山东味"等助农、助企、助商系列直播带货活动，累计拉动内需消费近十亿元。创意性跨省联动开展"广电严选嘉年华"，与黑龙江广电强强联合，两台8位当家主持人连续直播7个半小时，打造了一场全方位助商的公益盛典；与市文化和旅游局合作，借鉴当前网络最热的"穿越梗"，由知名主播扮演"二安"（济南历史名人辛弃疾、李清照）形象，穿越古今，推出"二安"带您游泉城——济南文旅"云端好物节"系列直播活动。6大专场12位主播24小时直播，吸引了500万+网友云端参与活动，掀起了今夏济南文旅资源推广热潮；与市商务局合作，推出"济南制造 天下共享"云展览展示会，主播们轮番登场，吸引了九阳小家电、华熙生物、福牌阿胶等济南本地企业近百家，活动持续20天，直接带动销售近亿元。

图3 "鹊华MCN"微爱助农直播带货

达人商业活动方面，依托广电主播和网络达人双重身份的主持人们，与艺星整形、龙湖地产、新城地产、比德文新车等合作举办发布会等商业活动。直播互动栏目方面，"鹊华 MCN"立足济南广电的地域用户资源，参与策划大屏小屏联动的特别节目，增强电视节目的互动性。

图 4 "二安"带您游泉城——济南文旅　　图 5 "济南制造 天下共享"
　　　"云端好物节"直播活动　　　　　　　　云展览展示会

三、树品牌，打造高质量专业化服务平台

"鹊华 MCN"是济南广电"鹊华"系列品牌的重要组成部分。"鹊华"二字源于济南一张亮丽的文化名片——宋末元初书画大家赵孟頫的《鹊华秋色图》，既代表济南的两座名山，更有鹊桥和华章的寓意，兼具历史的厚重与现代的时尚。目前，"鹊华"系列品牌已推出"鹊华 MCN""鹊华云"智慧全媒体中心、"鹊华通"济南网上公

益服务平台、"鹊华严选"电商平台等，着力搭建万物互联融通的鹊桥，谱写媒体深度融合时代的华章。

"鹊华MCN"立足广电优势资源，不断培育专业的内容策划、商务团队，加强与各主流平台的深度合作，正逐步成为一个集内容创作、线上营销、线下整合等多元聚合的新型主流媒体运营机构。通过培养壮大主播矩阵，借以延伸传统广电在新媒体端的影响力，实现内容电商、直播带货、短视频广告等经营模式，品牌影响力不断提升。与合作方贝壳视频联合推出商河网红副县长王小帅带货商河扒鸡的短视频，掀起了全国县长带货的风潮；商河县常务副县长陈晓东仅一个小时带货直播，售出6万枝扶郎花；平阴副县长游伟民推广平阴"玫瑰之都"直播，单场实现80余万人观看，在全网推广平阴"玫瑰之都"的品牌。助力东西部扶贫协作，针对济南市对口支援的湖南省湘西州策划重点扶贫项目，开展"茶旅古丈 情动泉城"系列专场直播、"我在古丈有亩茶"茶园认领计划等活动，巩固脱贫攻坚成果。

本地政府部门、大型平台型企业是广电媒体的天然强势资源，"鹊华MCN"通过与政府部门、平台资源的整合，把旧有客户向新的经济业态嫁接，举办了一系列有声有色的大型新媒体城市品牌宣传和电商服务类活动。如联合腾讯"中国城市品牌计划"，成功打造"网红济南"城市IP。邀请全网知名度、影响力、正能量俱全的优秀内容创作者、MCN孵化机构齐聚济南，在数十个标志性地点打卡直播演绎"明湖之夜"红人节。这也是济南首次举办大规模的网红节日盛典。吸引人民网、光明网等300余家媒体综合报道，话题阅读量超1.4亿，获评全国"新文娱·新消费"年度创新案例，并入选年度腾讯十大网红城市榜单。

图6 "鹊华MCN"与头部MCN机构蜂群文化、贝壳视频达成战略合作

图7 网红济南活动

四、建基地，推进MCN运营产业化进程

依托中国山东自贸区内的中国（济南）新媒体产业园，推动国内超一线MCN机构——蜂群文化北方总部落户济南。在济南媒体

港设立直播供应链选品中心、直播电商中心、红人孵化中心、影视运营中心、政企新媒体运营中心、新媒体整合营销培训中心；共同开展整合营销、品牌推广、内容共创、KOL 发掘孵化、电商运营、知识付费、综艺通告、IP 授权、新媒体产学研高校合作等方面的合作；合作成立网红学院，通过校企合作的模式，定期举办针对大学生、主播、企业等不同群体的各类培训，盘活大学生资源，增强短视频内容生产造血能力。通过深度整合省市产品供应链资源、人才资源、平台资源以及品牌资源，积极探索创新商业模式，以济南为核心，辐射山东省内 16 地市，形成直播电商集群效应，促进济南及周边短视频和直播行业高质量发展。

未来，"鹊华 MCN"将依托和延伸传统广电优势资源，在新闻资讯、健康科普、时尚美妆、旅游美食、影视动漫、生活情感等垂直领域，培养一批有影响力的内容账号和网红达人，培育专业的策划、内容、商务团队；培养壮大主播矩阵，借以延伸传统广电在新媒体端的影响力，从而实现内容电商、直播带货、短视频广告等经营模式；融合全国流量平台和地方需求，开展整合营销、品牌推广、知识付费、IP 授权、新媒体产学研高校合作等方面建设及产业运营，逐步成为一个集内容创作、线上营销、线下整合等多元聚合的新型主流媒体运营机构。

山东省济南广播电视台

后　记

在全国广电系统的大力支持下，2020年全国广播电视媒体融合先导单位、典型案例、成长项目征集和评选工作取得圆满成功。本次评选采取三级评审制，初评和复评均为专家评审，依评分高低确定进入终评环节。终评采取现场评审的方式，申报单位现场分享本单位推进媒体融合的特色亮点、工作创新点，专家评委提问评分，全国广播电视系统的相关负责同志现场观摩、相互交流，获益匪浅。

本年度评审着重突出政治性、创新性、成长性、典型性四个方面。入围项目坚持党管媒体，坚持正确政治方向、舆论导向、价值取向，坚持社会效益优先，社会效益与经济效益相统一；在理念、内容、传播、技术、体制机制等方面有关键性创新和较大改革举措；融合发展模式具有可持续性，其模式和经验可复制、可推广，有较强的借鉴意义和应用价值。

在开展全国广电媒体融合先导单位、典型案例、成长项目评选的同时，我们也在努力做好先进典型的宣传推广工作。《广电媒体融合发展进行时——全国广播电视媒体融合先导单位、典型案例、成长项目（2020）》是配合评选工作出版的第二本汇编书，征集与评审活动借此持续发挥引导作用，为业界学界提供了来自实践一线的鲜活案例。

　　媒体融合仍然在路上，在庆祝建党百年的重要历史时刻，全国广电行业胸怀"两个大局"，心系"国之大者"，坚持正能量是总要求，坚持以人民为中心的发展理念，坚持创新驱动、融合发展，打造新业态、培育新动能、促进新消费，努力构建高质量发展新格局。我们相信，在未来广电媒体融合评选活动中，将会涌现出更多动力强劲、活力充沛的新型主流媒体案例！

《广电媒体融合发展进行时》编委会

2021 年 6 月